つまりこういうことだ!
ブランドの授業

阪本啓一

nbb
日経ビジネス人文庫

まえがき——ブランドって何？

皆さん、こんにちは！　阪本啓一です。

ブランドと聞いて、何をイメージしますか？

おそらく、すぐに浮かぶのは、きっとあなたのお気に入りの商品名でしょう。エルメス、iPod（それとも iPhone？）、Wii、東京ディズニーランド、スタジオジブリ作品……。

イエス、これらの商品「名」はいずれもブランドとして成立しています。ただ、ブランド論の観点から正確に言うなら、すべてブランド・ネームであり、ネーミングはブランドを構成する要素の一つです。また、エルメスのようないわゆる高級ブランドと、普段使いブランドとの「違い」について、ひょっとすると、皆さんはあいまいに使っているのではないでしょうか？

本書を読むと、このような、ブランドにまつわるあいまいさをスッキリ、明瞭に整理、理解できるようになります。

毎日の仕事で使える本にしました

私は、経営コンサルタントとして、日々ブランドづくりを立案、実行しています。私塾で開催している阪本塾やJOYWOWブランド・ワークショップでも、塾生のブランドについての相談に乗ります。対象として取り組むのは、企業のコーポレート・ブランドや、製品・サービスのブランド創造・構築・改善の仕事です。あるいは、個人のパーソナル・ブランドの相談に乗ることもあります。

コンサルタントとして、これまでおよそ一七〇〇以上のブランド案件に携わってきています。ブランドの世界に深く踏み込むほど、ブランドというものは、ビジネスのすみずみ、あらゆる毛細血管にまで関係しているのだなあ、と実感します。

ビジネス活動で、ブランドが関係しないものは皆無です

本書は、それらの現場体験を蒸留したものです。勉強のための論にとどまるのではなく、実務担当者である皆さんがデスクの上や鞄の中に常備し、毎日使える内容にしました。がんがん赤線を引いて、真っ黒、ボロボロになるまで使い込んでください。きっと皆さんの仕事が楽しく、担当ブランドも元気一杯になることを約束します。ブランドが元気になれ

ば、会社も元気になります。そしてもちろん、皆さんも！

また、私たちの日常生活はブランドに囲まれています。ブランドの観点から眺めるとあの話題の商品はどう見えるか。本書を読んだあと、普段とは違った見え方がするかもしれませんよ。楽しみですね。

何でも切れる万能ナイフです

難しいことは書いていません。ブランドの本質について基礎から丁寧に解説しました。読んですぐ頭に入り、現場へ応用できます。あなたのブランドが産業財であろうと消費財であろうと、ある特定の商品や業種に限らず、どんなブランドにも応用できる万能ナイフを目指しました。

ビジネスの新しい流れ

たまたま昨日、音響メーカーの経営者と話していて、面白いことを耳にしました。彼はあるスピーカーをデザイン、開発したのですが、開発プロジェクトが立ち上がった当初、タテ（Y軸）、ヨコ（X軸）の座標軸を用いて販売対象となる顧客のターゲット・マップを作ってみたそうです。ターゲットは、「二〇代後半から三〇代前半の普段あまりオーディオになじみのない」（X軸）、かつ「感性のセンスが高い」（Y軸）女性、としました。

そのゾーンにポジショニングを絞って販売努力を開始しました。ところが、発売開始から二年、結果を見ると、これが見事に外れ、販売実績はティーンエージャーの少年から七〇代の女性まで、全世代にわたって売れているのです。大ヒット商品に育ったので、経営者としては「嬉しい誤算」なのですが、「読めない時代になりましたねえ……」と、複雑な表情をしていました。これは従来のマーケティング・セオリーを無にする、生活者・顧客の新しい購買心理と行動が育ってきている事実を表します。

そんな新しい流れの中、ブランドに何ができるでしょうか。どうブランドづくりに着手するべきなのでしょう。

やはり、こういう時こそ何といっても、基礎に立ち返り、基礎理論をしっかり身につけることです。

伝統芸能で「守《しゅ》・破《は》・離《り》」という言葉があります。まず基礎や型を身につける「守」、自分なりに独自のアレンジを加えるためいったん「破」り、自分ならではのオリジナリティを創造して型から「離」れる。

新しいビジネス・トレンドでは、基礎をみっちり身につけたブランド担当者だけが力を最大限に発揮することができます。本書こそが、ブランドを基礎から学べる最上の教材と自負しています。

ブランドの基礎が体系的に一歩ずつ身につきます

ブランドについて、本の中で仮想授業をします。読者は読み進めていくうちに、ちょうど阪本塾やワークショップを受講しているような体験をすることができます。質問に講師の私が答える、というスタイルですので、理解しやすく、「かゆいところに手が届く」ように意図しました。

第1講　ブランドとは何か
第2講　ブランドの構成要素
第3講　ブランドづくりの実際(1)「価値」を創る
第4講　ブランドづくりの実際(2)「とんがらせる」
第5講　ブランドづくりの実際(3)「とんがり」を魅せる-1 価格（プライシング）
第6講　ブランドづくりの実際(4)「とんがり」を魅せる-2 パッケージ
第7講　ブランドづくりの実際(5)「とんがり」を魅せる-3 広告
第8講　営業なくしてブランドなし
第9講　失敗を知識化して継承し、未来に活かす
第10講　スローなブランドを創ろう

各講の合間に、ブランドにまつわるコラムを一〇編、挿入しています。息抜きに楽しんでください。

冒頭でも言いましたように、本書はコンサルティング、阪本塾、ＪＯＹＷＯＷブランド・ワークショップの生事例がモトになっています。守秘義務とプライバシーの配慮からお名前は挙げませんが、深く感謝しています。また、快く取材に応じてくださった企業のブランド担当者、役員の皆様、ありがとうございます。

本書は二〇〇四年七月にＰＨＰ研究所から出版された『もっと早く受けてみたかった「ブランドの授業」』を文庫化にあたって改題、加筆修正したものです。文庫化を快く応援してくださったＰＨＰ研究所ビジネス出版部・吉村健太郎さんに感謝します。文庫化にあたっては日本経済新聞出版社の桜井保幸さん、石橋廣紀さんにご尽力いただきました。心より感謝いたします。

では、楽しいブランドの旅を！

二〇〇八年九月吉日　横浜・山手のオフィスにて

株式会社ＪＯＹＷＯＷ取締役会長　阪本　啓一

目次

第8講　営業なくしてブランドなし　153

第1講

ブランドとは何ですか

ブランドは旗です

――先生、こんにちは。いろんなところで「ブランド」って出てくるのですが、実は私自身、ブランドってどういうものなのか、よくわからないんです。勉強しようと思っても難しそうな本ばかりで……。

こんにちは。そうですね。「ブランド」がタイトルに含まれる本だけでも、現在流通しているのは五〇〇冊以上あるのではないでしょうか。書店に行っても、難しそうな本が並んでいますね。

――翻訳ものもあるし、日本人の著者がお書きになった本も多いですが、逆にいっぱいありすぎて、どれを選べばいいのかわからないのです。

はいはい。では、これから、そんなあなたや読者の皆さんのために平易に、しかもブランドの全体を理解できる授業を始めましょう。

――また、本で読むブランドのお話が、実際の自分の仕事にどういうふうに関係するのか、という点も教えていただけたら、とても嬉しいです。

そうですね。そこが一番大切なことです。実際に使えるブランドの話にしましょうね。

――そこで先生、ずばり、ブランドとは何なのでしょう。

いきなりきましたね……ブランドとは、旗です。

――旗？　旗というと……。

そうです。あの旗です。
あなたが何か商売するとして、お店を出しました。お店を出したよー、ということを道行く人に知ってもらわなければなりませんね。すると、旗、看板、のぼりといった、「目印」を店の軒先に立てるはずです。そこに何を書きますか。

――店の名前とか、扱っている商品ですね。すると、トレードマークとか、そういうものとブランドは同じなのでしょうか。

いえ、トレードマークはブランドを構成する要素の一つですが、そのものがブランドというわけではありません。旗には、

「うちの店では何を商っているのか」の宣言

を書くのではないでしょうか。

――そうですね。そうなると、商号や屋号とは少し違ってきますね。

何をやっているのか。あるいは、何をやりたいのか、自分が世の中に問うものの宣言が旗です。青い旗か、緑の旗か。またまた黄色か。世の中に宣言するのです。その旗が、ブランドです。まだわかったような、わからないような、不思議な気持ちかもしれませんね。とりあえず、「ブランドは旗である」ということだけ、ここでは覚えていてください。

――はい。メモします。ブランドは旗、と……。

ブランドは約束します

ブランドのもう一つの特性は、「ブランドは約束である」ということです。

――約束、ですか。

そうです。「○○（ブランドの名前）って、△△だよね」の「△△」にあたる部分が約束です。

たとえば、私のお気に入りの駅前のラーメン屋さんはワンタンメンが売りです。このラーメン屋さんを思い浮かべるとき、「ワンタンメンがおいしいよね」というふうにこころに浮かびます。あるいは「シュークリームが売りのケーキ屋さん」などもあります。

――約束とは、売りのことなんですね。

いつも同じ売りが保証されていることが大事です。いつ行ってもおなじみのおいしさ、変わらない味が、保証ですよね。そしてこのことは、食べ物屋さんに限りません。アパレル・ブランドで「いつも時代の先端をいく独自のカッコ良さ」を売りにしている場合には、たとえTシャツ一枚であっても、そのブランドの「らしさ」があれば、ブランドの約束が守られていることになります。

——と言いますと、「らしさ」も、ブランドですか。

はい。これは人でもありますよね。ある人の行動を見て、「あの人らしいよね」というふうに言うことが。それって、別の言葉で言うと、「人柄」です。ブランドも同じで、ブランド柄とでもいいますか、そういうところがあります。

——ブランド柄ですか。その企業なり商品なりの人柄を表しているのがブランドだと……。

信頼される人は、約束を守る人です。また、いつも同じという一貫性のある人ではないでしょうか。ブランドも同じで、「毎度おなじみの……」ということが言えればしっかりした約束ができている、と言うことができますよね。

——と、いうことは、ブランドは人からの評価で成り立っているのですか。

いい点を突いています。ナイスですよ。そうです。ブランドは企業や商品そのものにあるのではなく、ブランドを評価する人のこころの中にあるのです。

ブランドは顧客のこころの中に生まれます

――もう少し詳しく教えてください。

つまり、ブランドは顧客のこころの中に生まれます。

――うーん、よくわかりません。いまここにS社のミネラルウォーターがありますが、ペットボトルのラベルに商品名「＊＊の天然水」が書いてありますよね。これって、ブランドじゃないんですか。

違います。それはあくまでブランドを構成する要素の一つ、ネーム（商品名）です。ブランドとは、先ほども言いましたように、「○○（ブランドの名前）って、△△だよね」の「△△」であり、あくまで、商品や企業の「外」にあるのです。そしてそれは、ブランドを構成する要素が統合されてできるイメージなのです。

——と、いうことは、企業なり商品なりが青い色の旗を立てていても、それだけではダメなのですね。

そういうことになります。青い旗を立てても、伝達過程で正しく伝わらなければ顧客には緑の旗というふうに認識されるかもしれません。そうすると、そのブランドは「青」ではなく「緑」なのです。

——先ほどブランドとは旗である、と教えていただきましたが、もっと正確に言うと、「旗を立てる」ことが、「ブランドづくり」の第一ステップなのですね。

そうです。第一ステップを「ブランドを立てる」と言ってよいと思います。そして、旗を立てることはブランドを立てることだけれど、それだけではだめで、ブランドの構成要素一つひとつが統合されて初めて、ブランドになるためのメッセージ発信になる、ということです。発信したメッセージの統合が顧客のこころの中でイメージを結んだもの。それがブランドです。

――ブランドの構成要素について勉強したくなってきました。

いいでしょう。では、ブランドの構成要素については、また明日。

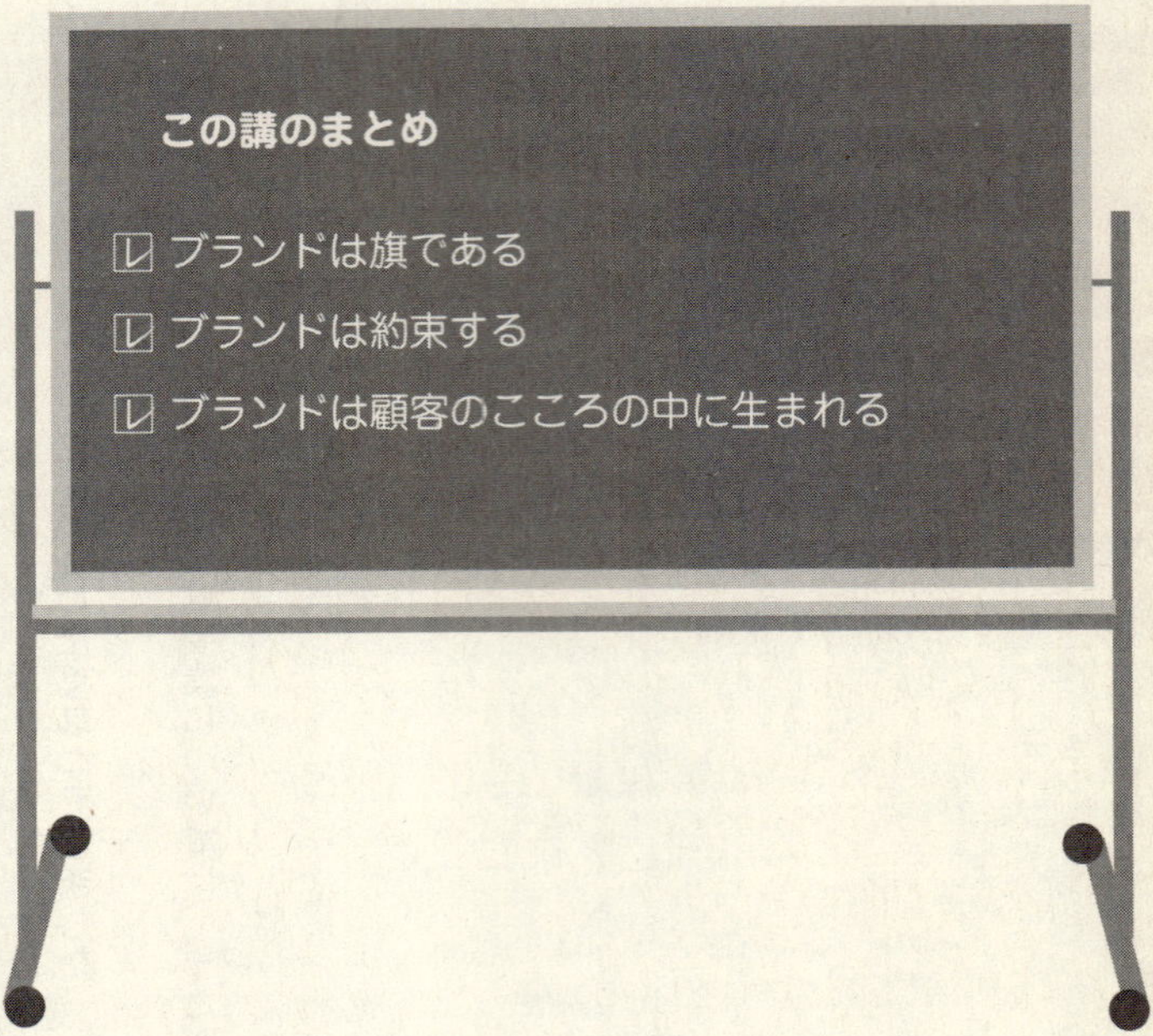
この講のまとめ
☑ ブランドは旗である
☑ ブランドは約束する
☑ ブランドは顧客のこころの中に生まれる

TEA BREAK 1

ブランドの歴史を勉強すると、面白いよ

日本には、日本人が開発し世界に誇るロングセラーの「昔ながらのおなじみ商品」があります。いわゆる長寿ブランドですね。ヤクルト、金鳥の渦巻、キンカン、のりたま、味の素、カルピス……これらロングセラー・ブランドがどうやって開発され、市場開拓していったのか。ブランドが作られ、確立されていく過程には成功ばかりではなく、失敗のドラマがたくさんあります。ブランド創造の生きた事例を勉強することは、「どうすればうまくいくか」だけではなく、「どうするとまずくなるのか」、さらに、「失敗をどうやって克服したのか」「失敗のショックからどうやって立ち直ったのか」を学ぶことになります。

たとえば、キンカン。開発した山崎栄二氏は一九三〇（昭和五）年、キンカンを商品化し、翌六年から販売を始めますが、知名度がないため、さっぱり売れません。薬としての効能には自信があったので、こうなったら「一〇〇の説明より一の実践」とばかり、荒技を使います。

セールスに訪問した薬局の店先で自分の腕に熱湯をかけます。すかさずキンカンを塗

ります。すると、あら不思議、ヤケドになっていません。この捨て身のセールス・プレゼンテーションが奏功し、キンカンは評判になっていきます。

オルファのカッターナイフは、切れ味の鈍った刃先をポキポキ折るユニークな商品ですが、この「刃を折る」発想は、戦後日本に駐留した進駐軍がこどもたちに配布していた板チョコがポキポキ折れたことから着想されたものです。そして、「折れる刃」から「オルファ」というネーミングになったのでした。当初「オルハ」だったのが、海外でも売るのなら、外国人にも発音しやすいようにと、「OLFA」にしたのです。

大塚のボンカレーの「ボン」とはフランス語の「おいしい」から取っています。

カルピスという名前を着想した創業者三島海雲は「赤とんぼ」などで著名な作曲家山田耕筰に意見を聞き、「いい名前だ」ということで決定しました。山田耕筰は音声学にも造詣が深かったのです。

どうです？　こういう話、楽しいでしょう？

日本のロングセラー商品について、マンガで楽しく学ぶのにもってこいの本が二冊あります。

『マンガで読む「ロングセラー商品」誕生物語——誰が考えたのか、どうやって作っ

TEA BREAK ①

たのか』

『マンガで読む「ロングセラー商品」誕生物語〈2〉』

二冊とも藤井龍二著、PHP文庫

欧米のブランドの歴史と起業家精神を学ぶためにお勧めの本は、

『ザ・ブランド――世紀を越えた起業家たちのブランド戦略』

ナンシー・F・ケーン（Nancy F. Koehn）著、樫村志保訳、翔泳社

です。

ウェッジウッド、スターバックス、デル・コンピュータ、などのブランドを創業者が生きた時代背景とともに解き明かします。著者はハーバード・ビジネススクールの歴史学者だけあり、歴史背景から読み解くアプローチが知的刺激を存分に与えてくれます。いかなるブランドであっても自分の生きている時代の潮の流れに無縁ではあり得ず、その流れにいかにして対応していったのかを学ぶことは、個別ブランドだけの特殊な事情ではなく、普遍的な学びに昇華させることができるのです。

私が会社員時代、営業を担当していた「ヘーベル」はALCという、一九三〇（昭和五）年頃北欧で生まれた建材のブランド名です。昭和五年といえば、偶然ですが、キンカンが商品化されたのと同じ年です。ALCとはAutoclaved Lightweight Concreteの

TEA BREAK ①

頭文字の略（注）で、日本語では「高温高圧蒸気養生された軽量気泡コンクリート」といいます。では、なぜＡＬＣが寒い北欧で生まれたのかというと、断熱性が高いからなのです。ＡＬＣは、断熱性に優れた木の細胞を人工でできないか、ということが着想の源です。だから、ＡＬＣは断熱性が良いので、省エネにつながり、冷暖房費のランニングコストの大幅な改善につながります……これは実は私がヘーベルの営業マン時代によく話していたセールストークです。

商品の生い立ちを話すと、お客さんはほう、と身を乗り出してくれます。皆さんも、是非、ご自分の担当ブランドの生い立ちを学んでみてください。

注　Autoclaved Aerated Concrete（高温高圧蒸気養生され空気を含んだコンクリート）と呼ばれることもあります。

第2講

ブランドを構成する要素について教えてください

ブランド構成要素とは、目に見えるもの

——先生、今日はブランドを構成する要素について教えてください。

はい。ブランド構成要素にはブランド・ゾーン、イメージ、ネーミング、価格、パッケージの五つがあります。でも、まず最初に、なぜブランドの構成要素を考えることが重要か、お話ししましょう。ブランドって、目に見えないですよね。

——そう言われてみれば、そうですね。

バッグにしても、時計にしても、手に取って触ることができます。しかし、それらバッグや時計の「ブランド」は見ることも手で触ることもできません。触っているのは商品そのものであり、見えているのはロゴやパッケージです。ブランドをこの机の上に置いてください、と言っても手品ではあるまいし、不可能です。

一方、広く知られたブランドの場合、顧客は安心して買ってくれます。「ブランドものだから大丈夫だろう」という心理が働くのです。では、ブランドは、見えないのに、何に

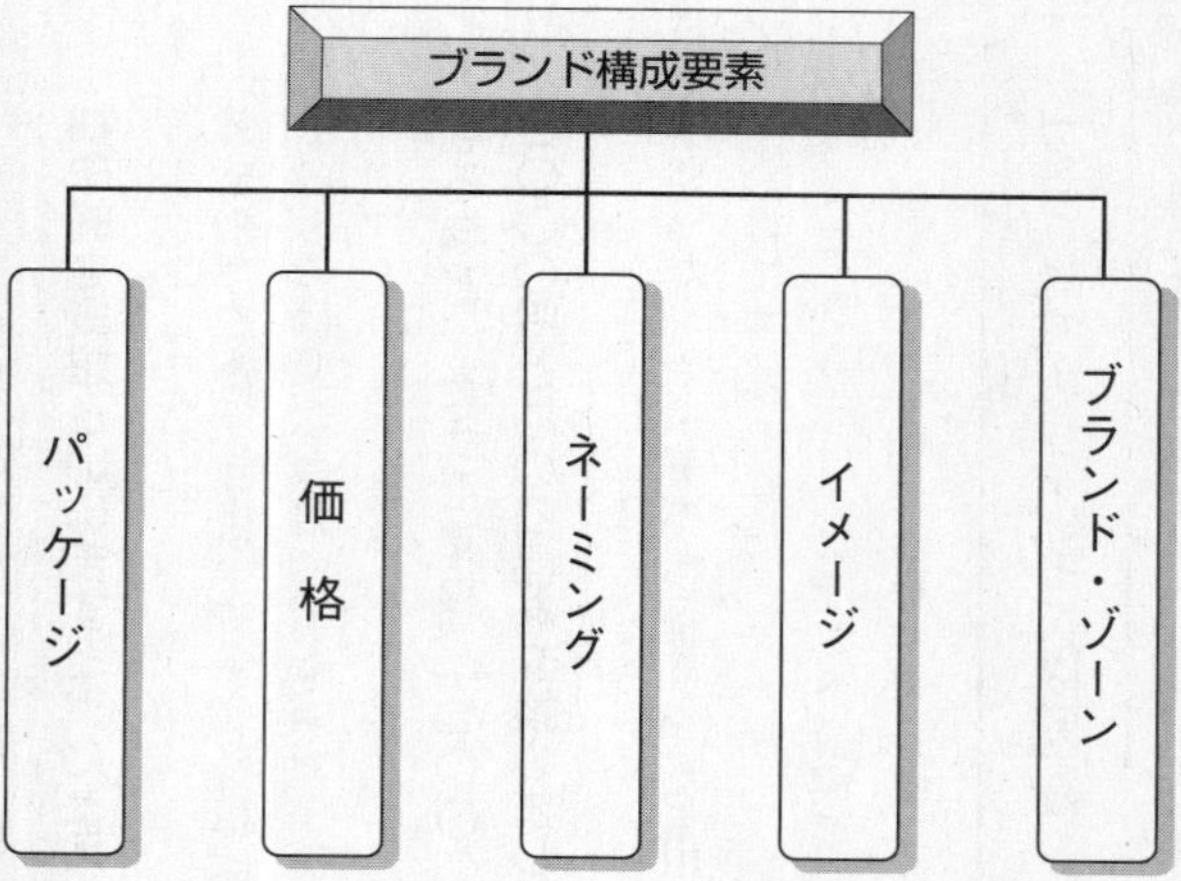

よって形成されるのでしょうか。

それは、目に見える要素が顧客と接触し、接触印象（インプレッション）の積み重ねによってブランドが創られていくのです。繰り返し言いますが、ブランドは商品そのものの中にあるのではなく、顧客のこころの中に生まれます。カタチのないもの（ブランド）を創るためには、「カタチあるもの」としてしっかり見えるようにするのです。

――カタチのあるもの、というのは、触ったり、持ったりできるもの、ということですか。

いえ、ここでカタチというのは物理的に嵩《かさ》や質量があるものに限りません。具体的で人が接触することができるものであれば、抽象的な概念でも構わないのです。

——抽象的な概念といいますと、たとえばどんなものがあるのですか。

一例を挙げると「価格」です。価格はプライスタグ（値札）で見ることができますが、価格そのものは概念と言ってもよいですね。

——なるほど、そうですね。「二〇〇〇円」という価格はたしかに決め事ですからね。二〇〇〇円とこの商品を交換しましょう、という。

そういった「カタチのあるもの」を用いて、人のこころの中にブランドが作り上げられていくわけです。

では、ここから先は、ブランド構成要素を一つずつ考えていくことにしましょう。まず、「ブランド・ゾーン」について考えてみましょう。

ブランド・ゾーンとは何か

商品には、手で触ることができ、足の上に落としたら痛い物理的な実体を持っているモ

ブランド・ゾーンの設計

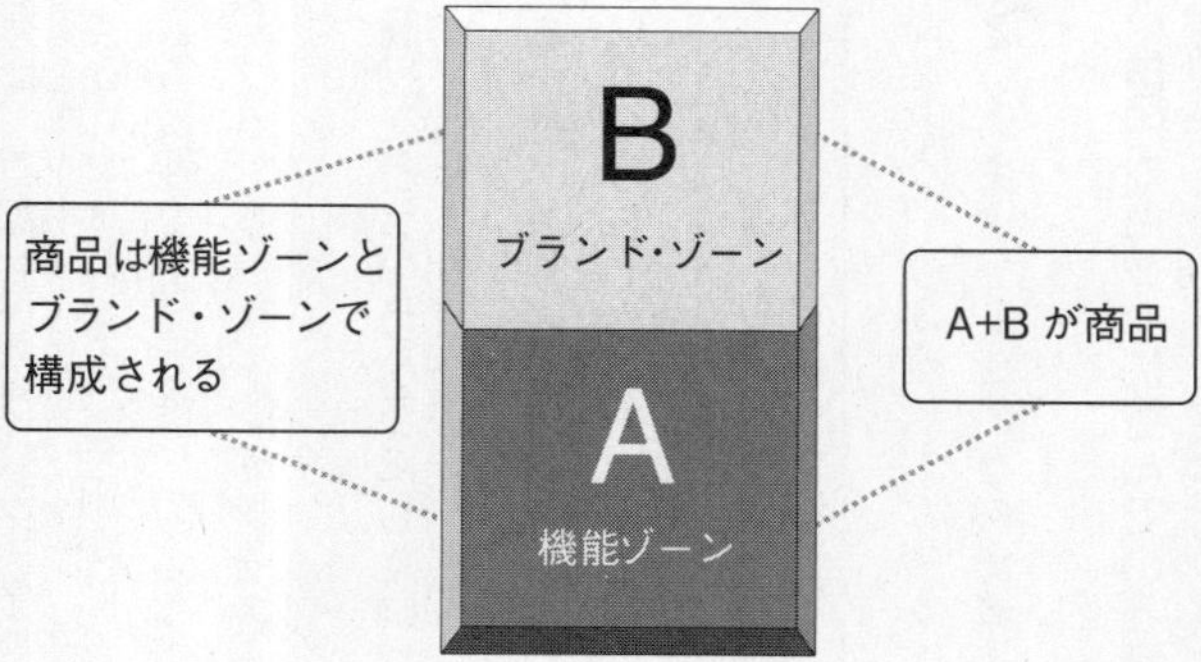

ノと、接客や料理の味といった、物理的実体のないサービスの二種類があります。この授業で「商品」というときには、この両方を指すと思ってくださいね。

商品はその商品のしてくれること、即ち「機能」とプラス・アルファの「付加価値」の部分の二つの属性から成り立っています。それぞれを「機能ゾーン」「ブランド・ゾーン」と呼ぶことにしましょう。

たとえば、ここに傘があるとします。傘にはさまざまな属性があります。どんなものがあるでしょうか。思いつくまま挙げてみてください。

——「雨が降ったとき濡れないようにする」「一度使っただけで終わりではなく、何度かの使用に耐える耐久性がある」「デザインがしゃれている」……とかですか?

そうですね。この中で、「いま目の前にあるモノを傘と呼ぶためには最低限何が必要か」という観点から見てみると、「雨が降ったとき濡れないようにする」ですね。これが機能ゾーンに入る属性です。では、「デザインがしゃれている」という属性はどうでしょうか。これこそ、ブランド・ゾーンが腕をふるう属性です。

――その商品をどういうふうにしたいかによって、二つの大きさは違ってきますよね。

冴えてますね。その通りです。いま、とても大切なことをおっしゃいました。「その商品をどういうふうにしたいか」。これについて考えてみましょう。

ブランド・ゾーンを設計する

「その商品をどういうふうにしたいか」を考えることを、商品を設計するという意味で、「商品設計」といいます。具体的な例で考えてみましょう。何がいいでしょうね。

――では、百円ショップに並んでいる商品はどうでしょう？　あれなんか、ブランドとは一番遠いような気がするのですが、逆に遠いものだからこそ、本質を理解しやすいの

機能ゾーンとブランド・ゾーンの配合を決めることが商品設計

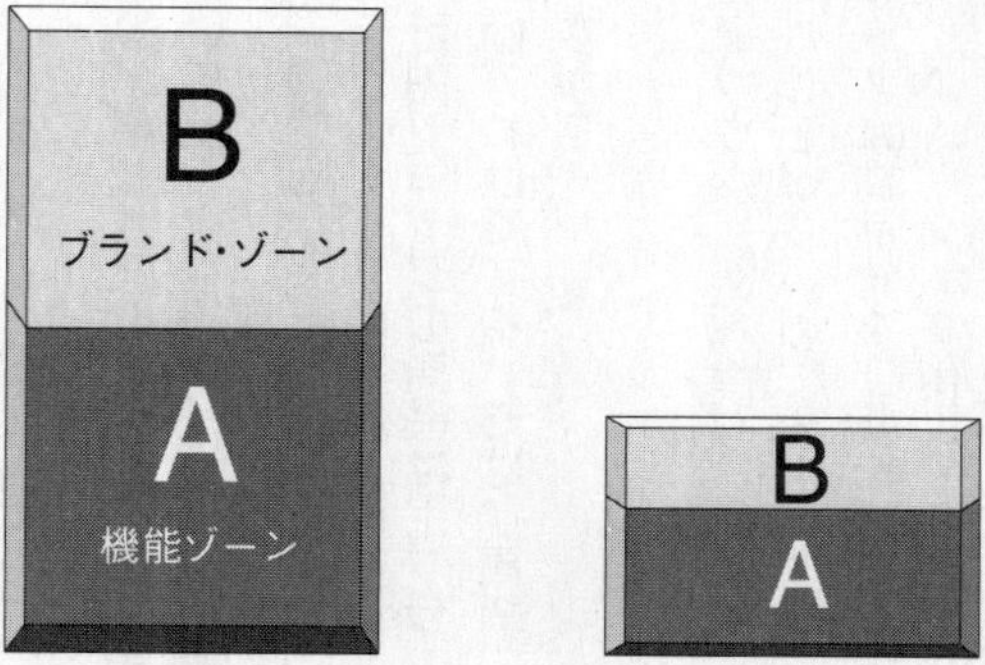

（理想の）ブランド品
A=B

百円ショップの商品
A>B

かもしれないので、是非おうかがいしたいと思います。

百円ショップの商品は機能ゾーンを満たすことが必要かつ十分条件であり、ブランド・ゾーンはわずかです。とはいえ、全くないわけではなく、たとえば「百円ショップで買える」という販売（顧客にとっては購買）場所の特性は機能ゾーンではなく、ブランド・ゾーンといえます。また、同じ百円ショップの中の商品カテゴリーの中でも微妙に「好み」が出てきますよね。せっけんならこっちよりあれだ、とか。この「微妙な好み」を呼び起こすのも、ブランド・ゾーンのなせる業です。

——百円ショップの商品は、ブランド・ゾーンを作るための経費を削り、その代わり必要最低限の機能だけは満たしている、という商品設計ですね。

はい。話は前後しますが、商品設計のためには、まず最初に「この商品で世の中に提案したい価値」をしっかり決めることが必要になります。そしてそのことは、第1講でもお話しした、「旗を立てる」ことにつながります。

——百円ショップの商品は、ブランド・ゾーンより機能ゾーンに重きを置いて設計されているわけですね。では、高級ブランドではブランド・ゾーンはどういうふうになりますか？

高級ブランドの場合は、機能ゾーンとブランド・ゾーンがほぼ同等の大きさで設計されていることが多いのです。「品質が良い、ブランド・イメージも良い」という。たとえばエルメスは高品質を守るため、職人さんの丁寧な手作りの良さを大切に守っています。

一方、いくつかの有名ブランドでは、機能ゾーンがブランド・ゾーンよりも小さいことがあります。いわゆる、「品質が悪い」というものです。「名前は通っているのに、なんだか品質が悪いみたいだ」という体験は、ありませんか。

――ありますあります。あるブランドのポロシャツを買って、一度洗濯したら色落ちしてしまいました。

哀しいことですが、中には、そういうふうに、「ブランド・ゾーンだけで売る」ブランドもあります。しかし現代の顧客は目が肥えています。そのようなブランドが永続的に繁盛するとは思えません。

――やはり、少なくとも機能ゾーンはブランド・ゾーンとは同等か、少し大きいくらいでないといけない、ということですね。

その通りです。

――では、商品がサービスの場合のブランド・ゾーンについても教えてください。

いい質問です。本当に今日は絶好調ですね（笑）。

ここに二人の弁護士さんがいます。

A先生は優秀だけど、依頼人に対してはそっけなく、必要最低限の受け答えしかしません。口調はあくまで冷静。メールの文面もそっけない。対してB先生は親身になって依頼人の話を聞き、相手が納得するまで時間をかけて話し込みます。料金システムは時間制で請求、となっていますが、機械的に時間通りに請求することはありません。「相手が理解できないのは説明する側にも責任がある」というのがB先生の言い分です。さて、A先生、B先生それぞれを「ブランド」とした場合、どちらの先生が依頼人の信頼を手に入れることができるでしょうか。

――私だったらB先生ですね。

はい。言うまでもなくB先生ですよね。二人の弁護士の機能ゾーンは同じか、ひょっとするとA先生のほうが優れているかもしれない。しかし、大切なことはブランド・ゾーンです。弁護士に仕事をお願いしなければならない局面とはどういうときでしょう。

――えーっと。訴訟とか、調停とか、何か法律的なトラブルに巻き込まれたときです。

それを別の言葉で言えば、困ったときです。だれも楽しいとき、うれしいときに弁護士に会いに行く人はいません。ただでさえ混乱し、困惑している精神状態にあります。そのとき、機械的に冷たく「処理」されるのはあまりいい経験ではありません。萎えている気持ちが余計落ちていきます。B先生の、依頼人の話を全身で聞くような姿勢です。A先生とB先生のブランドの優劣を決めたのは、機能ゾーンではなく、ブランド・ゾーンです。

——なるほど。この例は他のサービスでもいえますね。チェーンのコンビニでも、ファストフード店でも、それぞれ店の雰囲気が全然違うことがあります。

そうですね。商っている商品は同じ（機能ゾーン）でも、接客品質や店舗のムード作りは個別の店の力に負うところが多いですからね。

——サービスでもブランド・ゾーンは重要な鍵となる、というわけですね。

ブランド・ゾーンはとても重要な考え方なので、このあとも出てきます。いま全部わからなくても構いません。

次の講からは、ブランドづくりの実際に入りましょう。ブランドの構成要素の残りのものについても、同時に解説していくことにします。

この講のまとめ

☑ ブランド構成要素とは、目に見えるものである

☑ 目に見える構成要素が顧客と接触し、その接触印象（インプレッション）の積み重ねによってブランドを創っていく

☑ 商品設計とは、機能ゾーンとブランド・ゾーンの二つと、それぞれのバランスを考えること

☑ 機能ゾーンはブランド・ゾーンと同等か、少し大きいくらいでないといけない

☑ サービスでもブランド・ゾーンは重要な鍵となる

TEA BREAK 2

個人もブランドになる！「プールサイドの法則」

個人もブランドになり得ます。私の作った言葉ですが、「プールサイドの法則」というものがあります。あなたがどこか海外のリゾートへ遊びに行き、ホテルのプールで日光浴を楽しんでいると想像してみてください。

ボンボンベッドへ仰向けになり、雑誌などゆっくり読んでいます。最高の気分。と、隣に外国人がやってきて、同じく寝そべりました。一通りの挨拶を交わします。

さて、次にあなたはどういうふうに自分のことを説明しますか？

多くのサラリーマンは、自分の会社の説明から入ると思います。しかし、一部の世界的に有名な会社ならともかく、通常は日本で有名だとしても、外国人にはピン、と来ないはずです。それなのに、「会社の名前は＊＊、そこで私は建材の営業をしています」という言い方で、相手は納得してくれるでしょうか。百歩譲って、相手がわかった顔になっても、親しい関係が築けるでしょうか。

相手が知りたいのは、どこに勤めていて、どんな仕事をしている、というあなたの外側にある属性ではなく、「あなたがあなたであることが描かれた旗」です。

TEA BREAK
②

具体的にはこうです。あなたがどんな人生を送っていて、将来こういう生活をしたい、そのためにキャリアを積む必要がある。だから現在こういう仕事をしている。いまの会社に在籍している理由は、今後のキャリアを考えたとき、最高の環境が提供されているからである……と、ここまで言えれば理想ですね。

プールサイドなので、名刺も会社案内も使えません。ハダカです。ハダカのときこそ、人は自分自身で勝負しなければ、逃げも隠れもできません。これをセルフ・ブランディング、あるいは、パーソナル・アイデンティティ（PI）と呼びます。

特に仕事に限らなくても構わないです。ギターが得意で、音楽が大好きとかでも十分にセルフ・ブランディングになります。要するに、「あなたならではの旗」をくっきりと立てることができるかどうか。プールサイドで堂々と相手に納得のいく自己紹介のできることが、これからのビジネスパースンには求められるのではないでしょうか。

そうそう、これに関係することを思い出しました。日本の住所表示は東京都世田谷区……と大きな場所（日本国→東京都→世田谷区→……）からより小さい場所へ行き、最後にようやく個人の名前が来ます。ところが、アメリカだと、まず最初に「Keiichi Sakamoto」と、バーン、と個人名が来て、それから「小さいほうから大きいほうへ」住所を書き、最後が「USA」となります。個人ブランドが確立した人は、このようにアメリカ型の住所表示をしているようで、小気味いいですね。

第3講

ブランドづくりの実際(1)
「価値」を創る

ブランドづくりの三ステップ

この講からは、ブランドづくりを三つのステップに分け、順番にお話ししていきましょう。

ブランドづくりには、

ステップ1：価値を創る
ステップ2：とんがらせる
ステップ3：とんがりを魅せる

の三つのステップがあります。

今日はそのファーストステップ「価値を創る」をお話しします。

価値とは何ですか？

——先生、今日からブランドづくりの実際のお話ということで、わくわくしています。

商売（ビジネス）で一番大切なことは何だと思いますか。

――えーっと。あらたまってそう質問されると、困りますね。何でしょう。商品？　それともお客さん？

はい。商品もお客さんももちろん大切ですね。しかし一等最初に何が必要かというと、「自分はこの商売で何を世の中に訴えたいか」という「思い」です。

――「思い」ですか。なんだか人間のことを言っているみたいですね。

その通り。商売は人間が人間を相手にする営みです。だから、ブランドも「人間だったらどうか」、という観点から考えるととてもわかりやすいし、有効な施策を考えることができるようになりますよ。

――「人間だったらどうか」ですか。わかりました。そういえば「人柄」みたいな「ブランド柄」というお話もありましたね（第1講）。肝に銘じます。

さて、その「思い」ですが、世の中に訴えるときには、わかりやすい、人に理解されて伝わるメッセージにする必要がありますね。自分のアタマの中でぼんやり考えているだけでは自分以外の人にはわからない。メッセージにして伝わるようにした中身を「価値」と呼びます。

——この場合の「価値」は「価値ある一品」とかいう場合の価値とはどうやら違うようですね。

違います。「価値ある一品」の価値の意味は、「値打ちのある」という意味ですが、ここでいう価値は、ニュートラルな、プラスともマイナスとも符号がついていないものです。

——もう少し具体的に説明してください。

たとえば、ある商店街に空き店舗があり、縁あって、そこで何か商売を始めるとします。何をやるか。カレー屋か、それとも書店か。まず「何のカテゴリーをするか」を決めますよね。

——では、それが価値ですか。

あと一歩です。いろいろ検討した結果「カレー屋を始める」と決めた。しかしまだこの段階では「カレー屋」は価値ではありません。そもそもなぜあなたがカレー屋をやろうとしたかというと、「うまいカレーを食べさせる店がこの近所にないなあ」がきっかけだとします。しかも、自分にはだれにも負けないうまいカレーを作る自信がある。こういった「思い」を、世の中に発信するメッセージに仕立て上げます。「インド人もびっくりするくらいのとびきりおいしいカレーを商店街に来たお客さんに食べてもらう」

……これが価値です。

大事なのは「親しいイメージを創る」こと

――なるほど。これはあとの話に出てくる「とんがり」とは違うのですか。

まあ、先を急がないでください（笑）。ここではまず、価値について、しっかり勉強しましょう。たまたま例にカレー屋を挙げましたが、「商売なら何でも良い」わけではないですよね。

――と、おっしゃいますと……。

そこに親しみがないと、発展性がないでしょう。資本主義の世の中だ、人様に迷惑さえかけなければ、どんな商売やったって文句ないだろう、というのはちょっと違いますよね。

――たしかにそうですね。クチコミしてもらうにしても、そこに親しみがあるというイメージがないと、ともだちに紹介する気にはなりませんからね。

そうです。そこで「イメージ」の話になるのです。

カレー屋の話のついでに、食べ物屋で話を進めましょう。あなたがランチをよく食べるお気に入りの店は、そもそもどうしてお気に入りになったのでしょう。

――そうですね。料理がおいしいから。接客が温かいから。値段のわりに盛りが多いから……。

「おいしい」「接客」「値段」「盛りが多い」……。それらの理由によって、あなたのそのお店に対するイメージが良いわけですね。この「イメージが良い」というのは別の表現をするとどうなりますか？

――「親しみがある」「安心できる」「いつ行っても間違いがない」「人にお勧めできる」……かな？

ここで第2講で学んだブランド・ゾーンの図をもう一度見てみてください。「おいしい」「接客」「値段」「盛りが多い」という理由は機能ゾーンです。対して、「親しみがある」「安心できる」「いつ行っても間違いがない」「人にお勧めできる」はブランド・ゾーンを形成する属性といえます。ブランド・ゾーンがイメージを作り、イメージがブランド・ゾーンを担っていることがよくわかると思います。

サービスは「ブランド・ゾーン」によって選ばれる

商品がモノの場合は、たとえば自動車であれば試乗してみたりして、機能ゾーンのチェックをすることができます。しかし、レストランなどのサービスの場合は、顧客は機能ゾーンを購買前にチェックすることができません。食べてみてまずかったからといって、お金を返してくれ、とは普通なりませんし、「食べなかったときの私に戻して」と言っても無理な話です。

――（笑いながら）たしかに、サービスはそうですね。面白くない映画でも、料金返せ、とは言えませんからね。

そうです。そういう意味で、サービスでは顧客は購買するか否かをブランド・ゾーンが生み出すブランド・イメージで決定します。また、購買したあとも、人にお勧めするときには「いい感じのレストランだよ」「雰囲気がいいよ」といった、「イメージ」で話をします。もちろん「おいしかったよ」とも言いますが、味は人それぞれですし、料理の味というものは料理だけで決まるものではなく、だれと食べるか、どんなシチュエーションで食べるかによっても味は変わってきます。お祝い事で楽しみながら食べるのと、哀しい気分で、しょんぼりしながら口に運ぶのでは、同じ皿に載った、同じシェフの料理でも、味は大きく違ってきます。もちろんサーブしてくれるスタッフの接客サービスぶりにも影響されます。

また、コンサルティングや医療といったサービスの場合も、「事前の味見」ができないために、ブランド・ゾーンがしっかりと顧客に認知され、「いいイメージ」を持ってもらうことがキモになります。

――ブランド・ゾーンがいかに重要か、ということですね。

サービスが見込み客から「選ばれる」ためには、まずブランド・ゾーンで訴えかけなければならないのです。

なぜ、その商品を手に取るのだろうか？

――そしてもちろん、商品がモノの場合も同じですね。

そうです。ブランド柄がどんなイメージを持っているか、で、**見込み客が手に取ってくれるかどうかが決まります。**たとえば、ソフトドリンクの場合、コンビニのドアを入るときから、「今日は＊＊を買おう」とブランド名まで決めた上で買いに行くことはまず、ないですよね。

――そうですね。「缶コーヒーを買おうか」とか「ミネラルウォーターを」というふうに、そのブランドの所属するカテゴリーでぼんやり考えていますね。

そして、店頭でずらっと並んだ商品をながめて、選ぶ。そのとき、「手に取る・取らない」は何が基準となるのでしょう。

――私なら、いつも飲んでいるものを習慣で手に取ったり、とか、テレビで面白いコマーシャルをしていて印象に残っているとか、電車の吊り広告で見ていた新製品を試してみようか、とかですね。

つまり、店頭に行く前に既に頭の中に何らかの情報がインプットされていることが「選ばれる」ポイントになるわけですね。

――そうですね。でも、店頭で、「しゃれたパッケージだな」と思って手に取ることもありますよ。

いずれにしても、「選び取られるための信号」が発信され、それをあなたが受信したためですね。この場合の信号も、イメージですね。

――そうすると、テレビ・コマーシャル、電車の広告といった広告宣伝のほか、商品パッ

ケージがイメージ作りに役立っていることになりますね。

ほかには、ブランドを出している企業そのもののブランド・イメージもあります。たとえばサントリーであれば、「楽しい」「斬新」「遊び心がある」というイメージがあります。キリンの場合は「しっかりしたモノづくりをしている」「老舗である」。それらのコーポレート・ブランドのイメージもブランドのイメージ形成を後押ししてくれます。

この場合大切なことは、**コーポレート・イメージが強いカテゴリー（分野）から離れない**、ということです。食品で強いイメージを持っているからといって、スポーツ用品のカテゴリーで新ブランドを創設しても、食品におけるイメージはスポーツの応援団になってくれません。異分野に進出するときは、新人のつもりでイメージ作りをしなければならないのです。「あの＊＊です」と、言ったところで、分野が違えば顧客にはわかりません。

価値をさらに「とんがらせる」必要がある

――先生、次に、価値ととんがりの違いについて教えてください。

次ページの図を見てください。価値の中にとんがりが入っていますね。創った価値は、「世の中にたった一つ」というわけではありません。同じようなことを

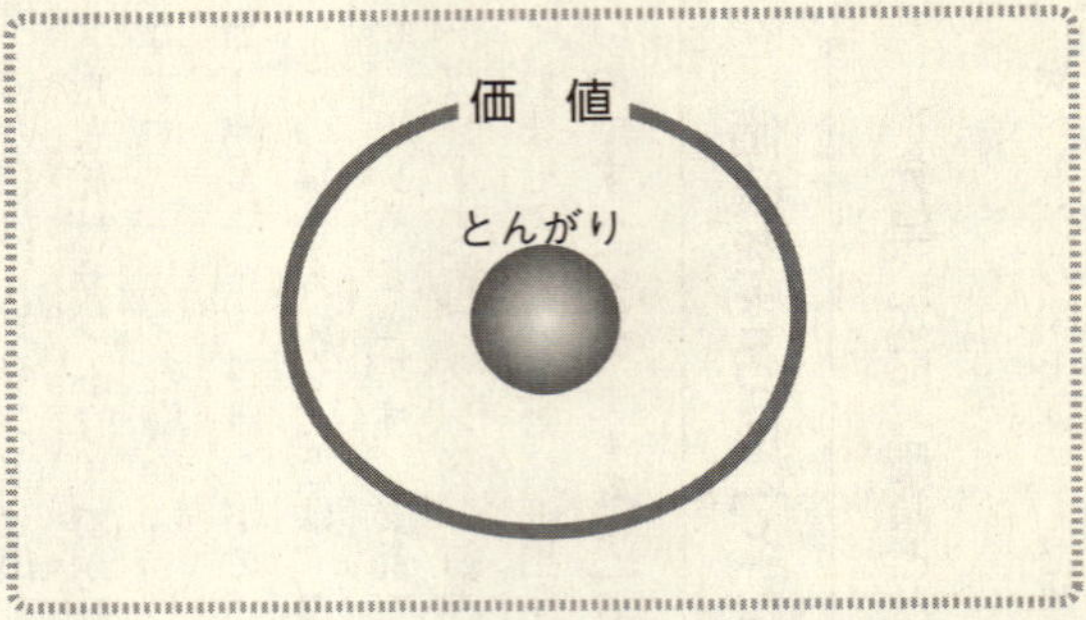

考えて日々努力している人がいっぱいいます。

カレー屋さんでいうと、

「インド人もびっくりするくらいの、とびきりおいしいカレーを商店街に来たお客さんに食べてもらう」

これは世の中に訴えたい価値ですね。でも、「とびきりおいしいカレー」という価値はほかのカレー屋さんも考えているでしょう。この段階では、まだワン・オブ・ゼムです。ビジネスで戦う土俵を決めた段階といえます。

「とんがり」とは、読んで字のごとく、「オンリー・ワン」、唯一のものです。だから、価値を創っただけではだめで、さらにとんがらせる必要があります。価値が世の中で全く新しいもので、生まれたときからオンリー・ワンの場合は、価値がそのままとんがりになりますが、普通はそんなにうまい具合にいきません。では、カレー屋さんの場合のとんがりとは何でしょう。


――インド人を、スリランカ人にするとか、ですか？

そういう話ではなくて（笑）……なんだかカレーの話をしていたらお腹がすいてきましたね。「とんがらせる」については明日の授業ということで、どうですか、これからカレーでも食べに行きませんか。

——はい。私もちょうどカレーが食べたくなってきたところです。

この講のまとめ

☑ ブランドづくりには「価値を創る」「とんがらせる」「とんがりを魅せる」 の三ステップがある

☑ 価値とは、「思い」である

☑ 感じの良い、親しみあるイメージを創ろう

☑ 価値は土俵、ワン・オブ・ゼム。とんがってオンリー・ワンを狙おう

TEA BREAK ③

原始的な熱情

ブランド創造に一番大切なものは何か。

それは、原始的な力を持った熱い情熱ではないか、と思います。ブランドの構成要素に沿って一つひとつ、まるでブロックを組み立てるようにしていくテクニカルなプロセスも大切ですが、読者の皆さんには是非、「好きで好きでたまらない」という好きのオーラを持っていただきたいと願います。そしてその好きのオーラは頭脳から出るのではなく、腹の底からわき上がってくるような、原始的な力、論理を超えた原初のパッションで燃やしてください。めらめらとした強火の火種。

なぜこんなことを言うかというと、ビジネスの現場で、「熱く燃える」という場面が少なくなってしまったのではないか、と思うからです。高学歴社会なので、テクニカルなプロセスを追うことはみんなとても得意です。「こうすると、こうなる」という「事前予測」も、きっと昭和の高度成長期よりも優れているのかもしれません。しかし、昔あって今ないもの、それは、「バカな一途」「やみつき」「思い込んだら命懸け」という強火です。

実は本書で私が一番皆さんに伝えたいことは、「原始的な熱情」、英語で言うとプリミティブ・パッションを持っていただきたい、ということです。では、仕事でどんなことが原始的な熱情なのか、という事例を見てみましょう。

「日本一の斬られ役」こと福本清三さんは東映映画大部屋俳優一筋で生きてこられた方です。

時代劇映画の全盛時代のエピソード。福本さんは駕籠かきの役でした。天下の一大事というので大急ぎで駕籠を担いで走る。田んぼの中を走るのですが、泥に足を取られる上に、駕籠そのものもとても重い。往生していると監督から「行けェ、急げェ！」の怒声。

「そらー、行け！」「なんでもいいから行けェ！」そのうちに、「なんで行かんのか、早ヨ、急げー！」「行けないのを行くのが映画じゃァ」なんて怒鳴って、最後なんか、もう絶叫してるんですわ。……（中略）……　あの時の監督さんの悲鳴に似た怒鳴り声は、いまだに耳に残ってますわ。……（中略）

駕籠かきに無茶苦茶言うような監督さんともう一度、一緒に仕事がしたいって、本当

TEA BREAK ③

に思います。

体が言うことをきかんかもしれんけど、もし、私の駕籠かきをやってくれと言ってくれる監督さんがおったら、命懸けでやります。心臓が飛び出しても、すごい早駕籠やってみせますわ。

でも、いません。そういう監督さんは。駕籠かきなんか、適当にやっとったらええ、と思っとる人が多いんとちがいますか。

（『どこかで誰かが見ていてくれる』、福本清三、小田豊二、集英社文庫 p.42-43）

どうですか？　皆さんの仕事で、「なんでもいいから行けェ！」という、無茶苦茶な熱情にかられることって、ありますか？　せっかく新しいブランドを創造し、この世に問うのです。原始的な熱情を種火にして、がんがん走りたいものです。ただ地図もなく無闇に走っても徒労に終わるかもしれません。そのために、本書で学ぶテクニカルなプロセスを活用してください。

でも、一番大切なことは、めらめら燃える原始の炎から放出される「好きのオーラ」です。お忘れなく。

第4講

ブランドづくりの実際(2)
「とんがらせる」

とんがらせるって、どうすること?

——先生、こんにちは。では、引き続き、「価値」と「とんがり」の話をお願いします。

価値は創っただけでとんがりがあるわけではなく、とんがらせる、という作業が必要です。具体的なケースで考えましょう。

——はい。そのほうがアタマに入りやすいです。お願いします。

キリンに『氷結』というブランドがあります。今回、私はキリンに取材しました。この話をしましょうか。

『氷結』はいわゆる缶チューハイですが、業界内では「低アル商品」と呼ばれます。缶入り低アルコール飲料ですね。自分で作るサワーやカクテルと違い、買ってきてそのまますぐに飲めるドリンクであることから、海外を中心として(一部日本でも)「RTD(Ready to Drink)」とも呼ばれているようです。

『氷結』は「低アル」商品市場で大きなシェアを持っています。市場は、ここ一〇年間で六倍に成長しています。これはキリンに取材したところによると、生活者のアルコール飲料に対する三つの「やすさ」への欲求が高まっていることが影響しているようです。

——三つの「やすさ」と言いますと?

はい。「飲みやすさ」「買いやすさ」「使いやすさ」です。

すっきり飲みやすい。コンビニやスーパーなど身近な店にあって、手頃な価格で気軽に買える。缶を開けてすぐに飲め、カジュアルに楽しめる。

取材したキリンの人によれば、このようなアルコール飲料が若者を中心としてこれからますます主力になっていくだろう、とのことです。

——どこかで聞いたのですが、二〇代の若い人たちの宴会始めに「とりあえずビール」というのはないらしいですね。

おやおや。そうですか。私などはやはり「とりあえずビール」でないと、宴会が始まらない気がしますが……。でも、「低アル」市場の伸びの原因に、『ビール、発泡酒から（『低アル』に）シフトしている」と分析する人もおられますから、たしかにそうなのかもしれませんね。低アルコールとはいえ、アルコール分はある程度ありますが（五～七パーセント）、果汁も入っている（三～五パーセント）ので、ジュース感覚で飲んじゃうのかもしれません。

――買う場所も、酒屋さんではなく、若者が頻繁に出入りするコンビニで買うのでしょうね。

もともとチューハイといえば、焼酎を何かで割った飲み物を指します。「焼酎」というカテゴリーは、「おじさん」「ハードなお酒」というイメージが強いです。また、九州地方では昔からお酒といえば焼酎、というくらい人気がある。私の知人で宮崎県出身の人いわく、彼の村の周囲は、一つの村につき一つの焼酎銘柄があるということです。

『氷結』に見る「とんがり」

さて、キリンの『氷結』担当者は開発にあたって、「カテゴリーの変革」を目指したということです。これを「価値」と「とんがり」で考えてみましょう。

価値は「チューハイの新ブランドを創る」です。しかしこれだけではほかのブランドと変わりません。そこでキリンはチューハイというカテゴリーの枠組みを超え、新たなカテゴリーを創造し、その結果としてカテゴリーを変革していくことにした。ここに「とんがろう」という意志がうかがえます。

――う～ん。「カテゴリーの変革」は抽象的でわかりにくいです。

どんなカテゴリーにも「～なら、＊＊であるべき」という「べき」がありますよね。でもそれは、単なる慣習であったり、生産者（提供者）側の都合でしかないことが大半です。「缶チューハイ」の場合は「缶に入ったチューハイ」ということで、焼酎を何かほかの飲み物やフレーバーで割ったもの、という定義が「べき」だったのです。主役は焼酎。

ところがキリンはネーミングにもなっている「氷結」という技術を前面に出した。搾りたての果汁をほとんど熱をかけずに氷結させ、「氷結果汁」と呼びました。その「氷結果汁（クリアストレート果汁）」を主人公にしたのです。また、パッケージも、缶を開けると表面にダイヤ形状の凸凹が現れるダイヤカット缶にして、これまでにない主張をしました。

――あの缶、楽しいですよね。缶を開けたとき、プシュッ、とへこんで、手触りが独特です。

そうです。いまあなたが言った「独特」が大事なのです。『氷結』を開発するにあたって、「カテゴリーを変革する」ということは、即ち、「ほかにはない、独自のモノ、コト」を創るということなのです。とんがらせた結果、『氷結』のファンは、数ある缶チューハイ、あるいは「低アル」の中から『氷結』を選ぶのではなく、「『氷結』だから」選ぶ、という購買行動を取っています。

――私の知人は会社帰りに『氷結』のどれを飲むか、選ぶことを楽しみにしています。

つまり、とんがらせる、独自の特色を出すことによって、チューハイのカテゴリーの中に、ブランド・カテゴリー、即ち、『氷結』というカテゴリーを創造してしまったといえます。

「絞り込む」「捨てる」ことで、こころに刺さるブランドができる

――なるほど。「独自のモノを創る」ということが、とんがることになるのですね。では、他にはどういう言い方ができるでしょうか？

「とんがらせる」ということは、別の言葉で言うと、「絞り込む」（フォーカスする）とい

うことです。

――ははあ。でも、そうするとストライクゾーンを狭くする、というイメージがあって、不安になるのですが。

その通りです。広めに取らず、ぎりぎりまで絞り込むことで、ブランドの提案したい価値をくっきりさせ、顧客にしっかり届くようになるのです。

――でも、ラーメンも、うどんも、蕎麦も、オムライスもある食堂のほうが、お客さんはたくさん来てくれるのではないですか。ラーメン好きの人、うどん好きの人、など、それぞれのメニューごとにファンがいるので。

先生のおっしゃるように「絞り込む」と、たとえばオムライスならオムライスだけで勝負、ということですよね？　そうすると、ラーメン、うどん、蕎麦のお客さんを「捨てる」ことになりはしませんか。

「捨てる」。その通りです。とんがらせる、ということは、捨てることなのです。逆に言うと、「何でダントツになるのか」という旗を明確にし、立てることなのです。

——でも、不安です。間口が広いほうが、来てくれるかもしれない、潜在顧客が増えるじゃないですか。

いいですか。ここに二つのレストランがあるとします。一つはあなたがおっしゃるようにラーメンも、うどんも、蕎麦も、オムライスも、何でもある。もう一つはマダガスカル料理専門店です。あなたならどちらに「おっ？」と思いますか？

——マダガスカルのほうです（笑）。

でしょ？　もう一つの何でも屋はどこにでもありそうじゃないですか。なので、「敢えて行きたい」気持ちにはなりにくい。それより、マダガスカルなんて、行ったこともないし、普通の人にとって事前の予備知識はないので、「こころに刺さる」効果があります。

——「こころに刺さる」ですか。とんがる、絞り込む、刺さる、と、鋭角な（笑）言葉が続きますね。

そうです。ブランドの一番の役割は、顧客のこころに刺さることにありますから。

――とげ、みたいなものですか。

とげって、イメージがよくないですが（笑）……まあ、そういうことです。

とんがらせたかったら、顧客に聞くな！

――ところで先生、とんがらせるときに、「顧客の声を聞く」必要はないのですか？

具体的には、たとえばマダガスカル料理店を出店するにあたり、立地が住宅地なのか、オフィス街なのか、で違ってくるのではないか、ということですね。住宅地なら、そこに住む人々が潜在顧客として考えられるので、どんなタイプの人が住んでいるのかを事前に調べます。週末が重要なターゲット時間になるでしょう。

オフィス街なら、住んでいる人より、ウィークデーに会社に来ている人を狙う。月曜から金曜の昼間か夜がターゲット時間になります。また、どんな会社が多いのかということもしっかり調査する。このような考え方のことですね。

――はい。さらに突っ込んで、顧客の声を聞くことも、重要ではないでしょうか。ターゲットとして考えられる潜在顧客に向かって、事前に「こういう料理店を出すのだけれど、来てくれますか」と聞いて、一体何人の人が「イエス」と言ってくれるのか、あるいは、「ノー」と答えた人にはなぜノーなのか、きちんと確認しておくとリスクを減らすことができると思います。

おっしゃることはよくわかります。よくグループインタビューや覆面座談会などで顧客の声を聞いたりすることがあります。また、アンケートをとって、ターゲット顧客の声を集めることもやりますね。

しかし、これらはとんがらせるにあたり、重要なことではありません。場合によっては省略してもいいくらいです。

――それは意外です。「お客様は神様です」という言葉にあるように、顧客の声をしっかり聞かなければならないのではないか、と思っていました。

いま、私たちは、「とんがらせる」ことを考えています。そこで大切なのは自分（たち）の思いであり、それをさらに研ぎ澄ましたとんがりです。捨てることです。絞り込むことです。それらは顧客の声を聞いた結果できる、というものではないのです。いいですか？　マダガスカル料理店を開く、というと、まず返ってくる返事は何でしょう。

――「一体だれが来るの？」「マダガスカル料理なんて、食べたことないから、ニーズはないと思うよ」（＊）

はい。ほかには、立地条件が駅から遠かったりすると、「あのあたりは駅から遠いから、不便じゃないの？」といった数々の「外野のブーイング」でしょう。それらは「マダガスカル」という、なじみのない名前から連想される、印象批評にすぎません。逆に言うと、それだけマイナスの反応がある、ということは、可能性が大きい、と考えればよいのです。

これまで世の中に出たヒット商品で、顧客の声を事前に聞いて開発されたものなんて、一つもありません。「とんがる」ということは、「時代の半歩先」を顧客に提案する、ということです。「一歩」では大きすぎます。「早すぎた」というものになってしまいます。ほんの少しだけ先を行く半歩でちょうどいいと思います。

＊注『流行る店』吉野信吾著、日経BP社、p.264〜277を参考にしました。

ディズニーランドは「こども向け」ではない

――それでも、まだ不安です。ブランドを創ったはいいけれど、ふたを開けたらだれも買ってくれなかった、となるのでは。

いわゆる「保険」が欲しい気持ちはわかります。しかし、「周囲を見回して、『そこそこで妥協する』ということはストライクゾーンを広めに取る、ということです。すると、鉛筆はきりっ、ととがらせなければならないのに、丸くなってしまうのです。

――想定される顧客に絞って聞いてみる、あるいは彼らのニーズに沿うようにとがらせる、ということは、してはいけないのですか?

必要ありません。日本にある遊園地は東京ディズニーランド（以下、ＴＤＬ）の独り勝ちです。どうしてこうなったかというと、ターゲット顧客がこどもであるからといっていわゆるこども向けのとんがらせ方をしていないからなのです。

――「こども向けのとんがらせ方」と言いますと？

　こども向けというと、ありがちなことは、「一〇〇点満点のうち、七点程度でいいだろう」と、「ほどほど」の「ほんもの感のない、レベルを落とした」やり方です。あるいは、ステレオタイプなこども像に向けて商品を設計する。童謡が好き、とか、かわいいものが好き、とかです。ばたばたつぶれた遊園地は、そういう「ステレオタイプのこども像」に合わせた商品設計をしたから、続かなかったのです。高品質ではなく、中品質、ひどいところになると低品質でもこどもだから構わないだろう、と「ほどほど勝負」をしたから、だめだったのです。

　TDLは妥協しません。スタッフにはみっちり教育をして、万全の態勢でのぞみます。TDLで提供される商品はすべて高品質のほんものです。かつ、常にアトラクションを新しく開発して、更新していっています。そこが評価されて、決して安くない、むしろ高めの入場料であっても多くのリピーターを生んでいるのです。

とんがりには、ステレオタイプは通用しない

　もう一つ事例を挙げましょう。あるプロジェクトで「高齢者向けの商品開発」をしまし

た。そのとき、プロジェクトメンバーは「高齢者」に対して、ついステレオタイプな像を描いてしまっていたのです。

——高齢者のステレオタイプというと、「おじいさん・おばあさん」という言葉から連想されるものですよね。すると、「昔懐かしい」とか、そういうたぐいの……。

その通りです。そしてその「昔懐かしい」が具体的になると、たとえば「童謡」や「日本昔話」といったものになるのです。しかしそんなもの、現代の高齢者は見向きもしません。高齢者といっても、たとえば昭和一二年生まれの人々は、若大将こと加山雄三さんの世代です。映画『若大将』シリーズを見てもわかるように、彼らはエレキギターを弾き、ダンスパーティをやり、学生コンパをやっていました。もちろん、あくまで映画の中の設定であり、現実には一部の富裕層の話だとしても、ステレオタイプの「老人」像とは違うはずです。

私の住んでいる町は高齢者の多い住宅地ですが、駅前にあるスターバックスは高齢者であふれています。ポール・マッカートニーやミック・ジャガーも還暦を超えているのです。そんな時代なのです。そして、日本は豊かな社会です。**価値観が多様化しているのです。ステレオタイプは通用しません。**

――では、先生はその高齢者向け商品開発ではどういうアドバイスをされたのですか？

まず、「高齢者向け」という枠をいったん外し、「そもそもこの商品では何が売りなのか」という、売りを一つに絞り込むことから始めました。

――とんがらせたわけですね？

そうです。優先順位の第一に来るのは、いついかなるときでも「絞り込む」「研ぎ澄ます」ことです。

――とんがらせるためには顧客に聞くな、ですね。これは目からウロコでした。

では、刺さるために重要なブランド要素の一つ、「ネーミング」の話に移りましょう。

ネーミング、三つのポイント

よく書類の書き方などの見本の名前欄に書いてある名前がありますね。「山田太郎」とか「花子」とか。これは一般的で、「よくある」名前の例として使われています。ということは、記憶に残らない、刺さらない、ということになります。

――一般的な名前はダメ、ということですね。では、ネーミングの極意を教えていただけますか。

三つに要約しますと、「ずばり」「響け」「刺され」です。

ずばり価値を言い得ていること
耳に心地よく響くこと
記憶に残っていつまでも心に刺さっていること

――「これは素晴らしい」というネーミングで説明していただけますか。

●ずばり価値を言い得ていること

「南アルプス天然水」「六甲のおいしい水」はそのままずばり、価値を表現していますね。「知覚過敏で歯がしみる人に」という効用を前面に打ち出した歯磨き「シュミテクト」も「歯がしみる人向け」という価値をそのものずばり、言い得ています。

実はこの歯磨きは外国（世界八五カ国）ではセンソダイン（Sensodyne）というネーミングです。「Senso」が英語で「知覚」を連想させていますが、日本人にはわからないので、「シュミテクト」というネーミングになっているようです。素晴らしいと思います。

英語のアルファベットの頭文字だけや数字だけなど、「それ自体で意味をなさないネーミング」は避けたほうが賢明でしょう。

●響け

「生茶」は「生《なま》」という語感がおいしさ、新鮮さを連想させています。耳に聞いて気持ちいい音、響きを大切にしましょう。

●刺され

「iモード」。文字だけを見ると何のことやらわかりませんが、携帯電話サービスという、それまでなかったサービスを表現するのに、「アイモード」という語感の「不思議さ」「新しさ」は、ぴったりきました。「私」という意味の「I」、しかもそれが「i」と小文字になることで、大げさではない、掌《てのひら》サイズの携帯サービスになじんだ表記になっています。秀逸な、刺さるネーミングといえます。

ネーミングのセンスを磨くには？

――ほかにネーミングを勉強する方法はありますか？

古今東西の文学のタイトルも参考になります。シェイクスピア『夏の夜の夢』『じゃじゃ馬ならし』『空騒ぎ』『お気に召すまま』……一体どういう話なのだろう、と興味をそそられますね。夏目漱石『吾輩は猫である』『それから』。「『それから』どうした？」「何の『それから』なんだ？」と思わずツッコミを入れたくなります（笑）。『夜間飛行』という、私の大好きなサン＝テグジュペリの作品も、いいタイトルですね。

最近の作品では『蹴りたい背中』（綿矢りさ）、『号泣する準備はできていた』（江國香織）などがタイトルとして「おっ」とさせます。

――なるほど。私は曲のタイトルとかで、うまいなあ、と思うことがあるのですが。

曲のタイトルでネーミングを勉強する、ということもいいやり方だと思います。古い歌謡曲ですが、『ブルーライトヨコハマ』なんて、曲のムードを美しく表現している秀逸なタイトルですね。他には、映画のタイトルも勉強になります。原題と比較してみるのも楽しいですよ。たとえば『麗しのサブリナ』（監督ビリー・ワイルダー）の原題は『Sabrina』です。邦題のほうが味わい深いですよね。同じく『アパートの鍵貸します』も原題は『The Apartment』でそのまんまですが（笑）、邦題のほうが「一体どんな話なんだろう」と、「そそる」力を持っています。

――こういった古今東西の名ネーミングに多く触れることが、ネーミングセンスを磨く一番の近道なんですね。

こういうお話を聞くと、ネーミングの勉強は楽しくなります。私は音楽が好きなので、バンド名も研究してみようと思います。

価格（プライシング）の重要性

――先生、価格も「とんがり」に関係するのですか。

もちろんです。ブランドにいくらの価格をつけるのか、それも「とんがらせる」作業です。価格の設定、一般的にいうところの「値づけ」はプライシングともいいます。「とんがらせる」ために「値をつける」のですから、「価格」という名詞より、プライシングという、動詞っぽい呼び方のほうがいいですね。プライシングは三段階で考えるようにしましょう。

それは、

宣言する ↓ 責任を持つ ↓ 自分が納得する

です。独立創業した人にとっても、プライシングは事業の成否を決定するとても重要な、そしてとても難しい仕事です。自分で自分のブランドに価格をつける、ということが難しいのです。

プライシングについては、「『とんがり』を魅せる」意味もあるので、ここから先は次講で勉強することにしましょう。少し休憩しましょうか。

この講のまとめ

☑ とんがらせるとは、「捨てる」「研ぎ澄ます」「絞り込む」ことである
☑「こころに刺さる」価値を創る
☑ 顧客に聞くな
☑ ネーミングの極意は「ずばり」「響け」「刺され」
☑ 価格（プライシング）もとんがらせる方法である
☑ プライシングは三段階で考えよ
宣言する　→　責任を持つ　→　自分が納得する

TEA BREAK 4

天・地・人

経営相談でアドバイスするとき、「天・地・人」に分けて考えるようにしています。現実の問題というものは複雑でわかりにくいものです。しかし、「天・地・人」に分けてみると、非常にすっきりします。そこで今日は、「天・地・人」についてお話ししましょう。話がわかりやすいようにお店の経営を例にしていますが、ブランド創造全部に応用できると思います。皆さん、ご自分のブランドに置き換えて考えてみてくださいね。

天：大きな流れを知る

「天」は、私たちの置かれている環境を指します。大きくは日本や世界経済におよびますが、わかりやすく、自分の商売が所属している業界について考えるといいでしょう。たとえば、外食業界であれば、言わずと知れた牛肉問題があります。鳥インフルエンザも見逃せません。肉といえば豚肉が人気ですが、豚さんにも、いつ問題が起こるかわかりません。魚はいまのところ大丈夫のようですが、たとえばエビ・インフルエンザとかいう奇妙な病気が出現したりしないとも限りません。このため、「そうなったらどうする」

という手はずは常に考えておく必要があります。

このように、「天」には自分で関与したり、努力したりできる範囲が限られている問題が多いようです。「天」への対処法について簡単に言うと「大きな流れを知る」ことです。そのために情報収集は欠かせません。新聞はすみずみまで目を通し、何か事件が起こったら常に「自分の商売にとってどういう意味があるのか」を考える習慣をつけてください。

現代はすべての出来事が直接、間接につながっています。「対岸の火事」では済みません。たとえば牛肉を使うカレー屋さんをやっているとして、「こうなる前」から常に生産地をしっかりつかんでいて、安心な食材を仕入れていれば、現在のような「天」の環境になってもあわてないで済みます。

地：自分のポジションを知る

「地」は店舗の立地条件、店舗そのものの設計、デザイン、商品構成、棚の陳列など、要するに「自分の商売で人にかかわる問題以外すべて」を指します。駅前立地とか、ショッピングセンターの中にあるとか、店の置かれている環境によって作戦も違ってきますよね。一言で言えば「自分のポジションを知る」です。

この原稿を書く手を休め、ＪＯＹＷＯＷの玄関に必ず飾るようにしている生花を求めて、ちょっと駅前に出ました。夕方の三時頃。いつも「ちょっと甘いものが食べたいなあ」と思う時刻です。通りがかったお店で「今川焼八〇円」という文字が見えたので、一つ買いました。買ったときふと目に入ったのが「明日はお休みします」の文字。私は定休日を嬉しそうに麗々しく店頭に出す店が嫌いなのです。何か、腰が引けているようで。しかもおやじさんは「八四円」と言います。消費税の四円が加わったのでしょうが、なんだか胸がざらつきました。

「あ。この店、まずいだろうなあ」と直感しました。

歩きながら、一口。

「う。まずぅ……」

ほっぺが落ちそうにまずいのです。あまりのまずさに、ほっぺの内側にニキビのようなものができてしまいました。今川焼というより、関西の皆さんには「たいこまんじゅう」（あるいは回転焼）と言ったほうがなじみがあるかもしれません。あれが、冷たいのです。おっさん、失礼、店主が紙に包んでくれたのですが、既に冷めていた。冷めたたいこまんじゅうを客に渡すその根性が許せん！　あんこも根性入ってない味で、よくもまあ、あれを八〇円で売るなあ、と思います。え？　話が「地」からそれてるって？　いえいえ、これも立派な「地」です。休みを嬉しそうに掲示する、冷めたたいこまんじ

TEA BREAK ④

ゆうを客に売りつける。しかもまずい。消費税込みの価格を後になって言う。
どう考えても商売が傾く「地」です。しかし「地」の底には店主の「人」があります。
解説のため、「人」に移ります。

人：自店の強みを知る

「人」は、文字通り、人に関することです。そして、私は「人」を最重要視します。店の持っている「いい雰囲気」とか「入りやすい空気」は実は「地」だけではなく、「人」によって作られます。店主をはじめ、フロアスタッフ、そして来ている客によって形作られます。よって、自分の店の人について考えることは「自店の強みを知る」と言い換えてもよいと思います。天や地については動かしようのない要因が中にはあるかもしれません。しかし、人については、いくらでも努力できます。

大阪梅田の地下で昔からおいしいカレー屋さんをやっている「ピッコロ」。先日、大阪出張を利用して、寄ってみました。学生時代は高くて手が出せなかったのですが、いまなら入ることができます。

店は六席のカウンターのみです。狭い。ビーフとチキン、ハヤシライス、あとはサラダとのセット。メニューをとことん絞り込んでいます。その日、朝からちょっと憂鬱な出来事があって、やや沈んだ気持ちでカウンターに座ったのですが、一口食べたら……

カレーが身体にすーーーと入っていきました。そして、身体の中から「よしよし、だいじょうぶだよ」と癒してくれる、そんな気がしたのです。おやじさんがカウンターの中で一人切り盛りしているのですが、話しかけてくれたのかと錯覚したほどです。そう、ピッコロのカレーは、おやじさんの人生そのものが味になっています。思わずぐっ、ときて、涙が出そうになりました。カレー食べて泣いてどないすんねん、と自分にツッコミを入れたくらいです。

おやじさんは常にお客さんに目配りをし、水がなくなってきたな、と思ったら素早く足してくれます。それもせわしなくないように、ごく自然に。九八〇円なので、一〇〇〇円札を渡すとおつり二〇円。ピッカピカに光る、新しいコインでした。久しぶりに出会った商売人で、私はとても気持ちよく店を後にしました。

「ピッコロ」はなぜ長く商売を続けていられるか。カレーがおいしいから。では、なぜカレーがおいしいのか。おやじさんという「人」が素晴らしいから、です。冷めたたいこまんじゅうのおっさんとは、「人」が違うのです。

＊本コラム『天・地・人』は『ぷらっと』（２００４年vol.50号、有限会社神戸プラットフォーム発行）連載「阪本啓一の商店街物語」第五〇回記事を編集部許可の上、一部加筆・修正して転載しました。

第5講

ブランドづくりの実際(3)
「とんがり」を魅せる-1　価格

価格（プライシング）の三段階とは

――先生、前講最後の「プライシングの三段階」から授業をお願いします。

わかりました。

●ステップ1：宣言する

価格は、ブランドが自分のとんがりを世界に向けてする宣言です。

↓

●ステップ2：責任を持つ

宣言したからには、価格通り、いや、それ以上の価値を提供するという責任を負います。プライシングが「一〇〇円」だとすれば、「一〇〇円の責任」というものがあります。それを背負い、果たす覚悟が必要です。

↓

●ステップ3：自分が納得する

そして最後、自分が宣言と責任の間のバランスに「納得」できるかどうか、です。納得できなければ作り直す（モノ）、やり直す（サービス）くらいの志を持ってほしいものです。

顧客は「お金」だけを支払っているのではない

――この「納得」についてもう少し教えていただけますか。

はい。伝統的なマーケティングでは、価格は金銭的な意味合いでのみ論じられていました。しかし、ブランドづくりの中で価格を考えるとき、お金だけで考えてはいけません。

――対価はお金だけではない、という意味ですね。

顧客が、「ああ。この価格を支払って良かった」と納得するのはどんなときでしょう。

――たしかに「満足した」という場合はありますね。ハテ、どんなときかな。

このことを考えるため、顧客がブランドを購買するとき、何を対価に支払っているかを考えてみましょう。

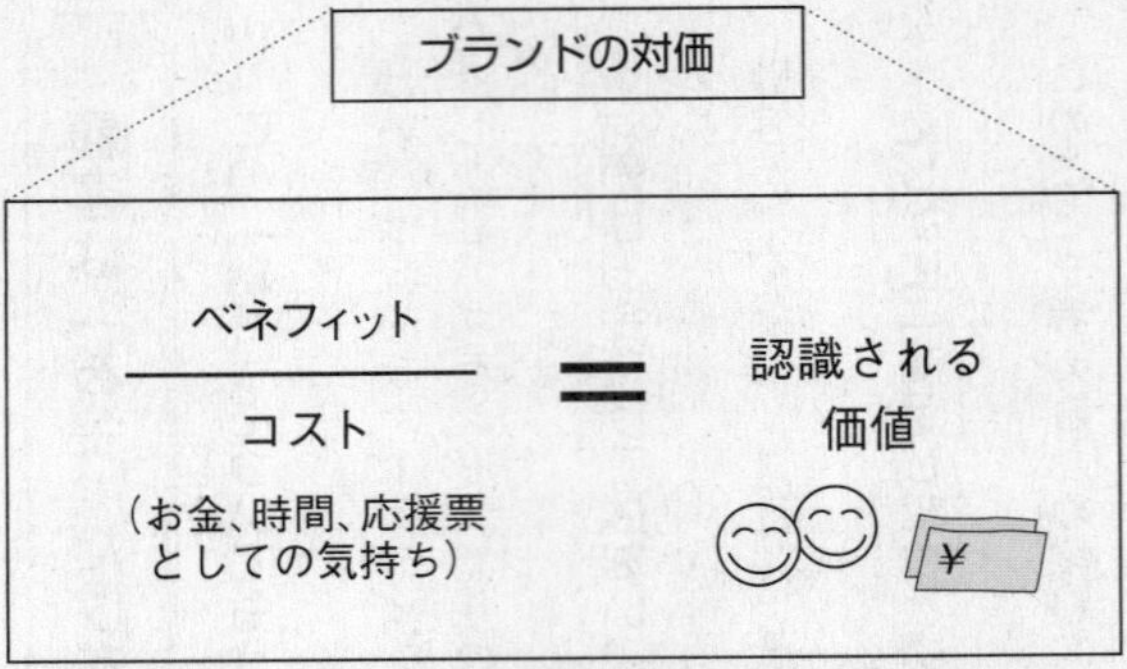

（『ブランド・マインドセット』P.61「ブランド価値」の図を参考にした）
＊参考『ブランド・マインドセット』（デューン・E・ナップ、拙訳、翔泳社）

――ええと、お金、時間……。

鋭い！　忘れられがちですが、「時間」があります。現代の忙しい顧客にとって最も大切な希少資源は時間です。

他には、自分がそのブランドを贔屓《ひいき》している、という意思表示、選挙でいうと、投票活動のような気分も支払ってくれていると考えられませんか？

――そうですね。贔屓しているから引き立ててやろう、という応援の気持ちはありますね。

そこです。顧客は、対価として、ブランドに「お金」「時間」「応援票としての贔屓の気持ち」をくれています。そしてブランドから得られるベネフィットがそれに見合うかどうか、自分の支払った対価以上のものかどうかを厳しくチェックしているのです。

ブランドを作る側としては、できる限りそこをしっかり想像して、まずは自分自身、納得できるかどうかを考えなければなりません。第3講「価値を創る」のところで「親しいイメージを創れ」と言ったのは、まさにここに関わる部分なのです。

「お金を返せば済む」ということではない

――時間をはじめとするブランドの対価について、何か面白い実例などはありませんか。

ニューヨークの美容院で実際にあったことです。Aさんが髪を染めてもらいました。その夜、自宅でシャンプーしたら、ヘアダイの色が流れ出てしまいました。

――ウソみたいな話ですね（笑）。

そこでAさんが翌日クレームの電話をしたら、美容院側は平謝り、都合のつくときでいいから、もう一度来てもらえますか、とのことです。たまたまその日は仕事がお休みだったので、Aさんは午後早速出直しました。美容院はお金を返してくれました。理由を聞いてみたのですが、「おかしいですね」「こんなことはこれまで一度もない」「染毛剤のメーカーに問い合わせてみる」とぬらりくらり言うばかりで、納得のいく説明はありませんでした。Aさんは美容院を替えました。

――お金を返せばいいというものではない、ということですね。

そうです。くだんの美容院には、Aさんがわざわざ出直した手間と時間に対する配慮や申し訳ない、という姿勢が感じられなかったといいます。また、「ヘアダイの色が流れ出てしまう」という前代未聞のトラブルへの説明も全くないわけで、これでは美容院のブランドに対する親しみや、応援してあげよう、といういいイメージがわくはずがありません。

――このとき、美容院がなすべきことは、Aさんの気持ちを想像し、自分のした対処が、自分で納得できるかどうか、考えることですね。

はい。もしそこまで考えているのなら、Aさんへの対応は全く違ったものになったはずです。美容院にとっても初めてのトラブルであったとしても、「いまは原因がわからないのだが、わかり次第善処するし、今後二度と同じミスはしませんから」とAさんに説明ができるはずですから。何より、Aさんの貴重な時間を浪費させてしまったことへのお詫びがなければなりません。顧客の時間へのリスペクト（敬意）を、持ちたいものです。

価格とは「顧客との思いのすりあわせ」

話を戻しますと、そもそも**価格とは、顧客との「思いのすりあわせ」です**。ブランド側が価格を一〇〇円と宣言し、一〇〇円の責任を背負い、ブランドの提供する価値は一〇〇円かそれ以上であると納得するプロセスには、「顧客との思いのすりあわせ」がなければなりません。

――「すりあわせ」とは、わかったような、わからない言葉です。

つまり、ブランドの一人相撲ではだめだよ、ということですね。先ほどの三ステップで考えてみますと、

ステップ1：ブランドが一〇〇円と宣言する　↓　顧客が一〇〇円の宣言を受け止め、納得する「ああ。一〇〇円なんだ。納得」

ステップ2：ブランドが一〇〇円の責任を背負う　↓　顧客がブランドの責任を負った姿を受け止め、納得する「責任を背負ってがんばってるなあ」

ステップ3：ブランドが「一〇〇円の価格」と「提供したい価値」のマッチングについて納得する→顧客がブランドの納得を受け止め、納得する「価格に見合った、あるいは価格以上の価値だ！」

値引きの意味とは？

――なるほど。では先生、「値引き」を「宣言、責任、納得」の考え方で解釈すると、どうなるのでしょう。

以上のステップでどれか一つでも顧客が受け止められず、納得できないとなった場合、顧客はブランドに対して「値引きするべきである」と考えます。これが値引きの意味です。

――あくまでブランドと顧客との思いのすりあわせができていれば、値引く必要はないのですね？

その通りです。でも、このミスマッチが起こったとき、値引きするだけが解決方法ではありません。ブランド設計をやりなおし、とんがらせ方を変え、魅せ方を変えることでミスマッチの穴が埋まることもあります。ブランドをよりグレードアップして、価格に見合うようにするのです。

――価格をいじる、簡単に言うと値引くだけが能ではない、と。

また、最初からよく期間限定で「無料！」と集客する手法がありますね。それは顧客との思いのすりあわせも何もする前から自分で自分の価値を「無料」と言っているのと同じことで、非常に危険な価格施策と言えます。新商品の場合は顧客にはまだブランドに対しての評価基準がないので、余計に危険です。

値下げ競争とブランドづくりとの関係は？

――「一番安い！」とチラシで叫ぶ手法があります。大型家電量販店などがよくやる価格施策です。先生のブランド価格論ではどう解釈すればいいですか？

いい質問です。大型家電量販店に限らず、価格について回る問題に、「競合との価格競争」があります。いわゆる競合との価格差ですね。

——はい。高価格で利益を得ていても、いつ競合がそれより下の価格でなぐりこみをかけてくるかわかりません。「価格で負ける」というのは避けたいのですが、どうすればいいですか？

では、少し見方を変えてみましょう。ここに一本のミネラルウォーターがあります。二リットル入りのペットボトルで、某製薬会社が販売しているブランドです。スーパーのミネラルウォーターの棚で一番安い価格がついているのがこれでした。他の商品と比較して、二〇円は安かったはずです。さて、このブランドのおかげで、ほかのミネラルウォーターは「価格で負けて」売れゆきが落ちたでしょうか。

——やはり、「一番安い」というのは魅力なので、顧客はこれを選ぶのではないでしょうか。

では、そもそも人はなぜ水を買うのでしょう。家の水道の蛇口をひねれば水はいくらでも出てきますよね。

——安全な水、健康にいい水、おいしい水を求めているからだと思います。

いま、価格は出てきましたか？

——あっ。そういえば、そうですね。

ミネラルウォーターに何を求めるかというと、安全で身体にいい、という機能ゾーンが第一です。そしてそれを保証してくれるブランド・ゾーンがあれば文句ありません。さて、この製薬会社の出している水は、ブランドとしてとんがるのであれば何を前面に押し出すべきでしょうか。

——製薬会社というコーポレート・ブランドですか？

そうです。「製薬会社の水だから安全ですよ」という、「なぜ製薬会社が水を販売するのか」というストーリーなり哲学なりを前面に出すべきなのです。価格（プライシング）で最も重要なことは、ブランドの哲学です。

——価格の安さではないのですね。

一番安い価格をつけている、ということは、「それだけ自分のブランドに自信がないのだなあ」と思われてしまいます。もともとミネラルウォーター市場というのはサントリーやハウスのように、食品会社がメイン・プレイヤーです。畑違いの製薬会社が新規の市場参入するのであれば、**顧客に訴求するべきなのは「価格の安さ」ではなく、「ストーリー」「哲学」なのです。**製薬会社ならではの、「機能ゾーンを保証する裏づけを持つブランド・ゾーン」という、既に市場に出回っているミネラルウォーターにはない「とんがり」をモチーフにして、参入するべきでした。

ブランドづくりに「安さ」を売りにすることはあり得ない

――「安さ」を売りにしてもいい場合はあるのでしょうか。

「安さ一番」を売りにするのは「とんがったブランドを魅せる」という目的には役立ちません。なぜなら、理論的にも、現実的にも、「一番安い」というのは、市場に一人しか存在し得ないからです。競合ブランドはいつでも自社の値札の上にペンで斜線を書き、あなたのブランドより安い価格をつけることができます。あなたもその気になれば、競合ブランドの価格を見て、さらにその下をいく価格をつけられるでしょう。キリがありません。

そして、プライシングは世界への宣言だということをもう一度思い出してください。「市場で一番安い」ということは、「市場で一番価値が低い」と自ら言っているのと同じです。

――そうとは限らないと思います。「価値に比較すると安くて、企業努力しているなあ」と評価してくれるかもしれません。

顧客は価値を目に見える、わかりやすい判断指標で測ります。一番わかりやすいのは価格です。どんなにコストダウンの努力をしたとしても「安い価格は安い価値」とみなされます。

ちなみに、どんな商品でもあるカテゴリー内に属しています。そこにあるいくつかのブランドの価格によって、カテゴリー内に、価格の許容ゾーンができています。自動販売機や駅売店で売っている缶入りソフトドリンクであれば一〇〇円から一二〇円あたりが価格の許容ゾーンです。よって、あなたが缶入りソフトドリンクのブランドにプライシングするときには、まず、その許容ゾーンを外さないことが大切です。

――敢えて外す、というのも「あり」ですか。

もちろんです。敢えて許容ゾーンを大きく外す、一〇〇円の缶入りソフトドリンクでとんがる、という価格設定はあり得ます。そのためには、一〇〇〇円を宣言し、責任を負い、自分で納得できるだけの哲学とストーリーをブランドで練り上げることです。そしてもちろん、顧客との思いのすりあわせができるだけのものに仕上げなければなりません。いずれにせよ、カテゴリーの価格許容ゾーンを知った上で決めることが大切です。

高級ブランドは、高くなければ意味がない

――「価格」と「ブランドを魅せる」、ということとの関係について教えてください。

はい。高級ブランドに魅せられるのはなぜでしょう。

――高いから、ですか。

ご名答です。**高いから、人は高級ブランドに惹かれるのです。**エルメスのバッグは六〇万円だから、輝くのです。仮に六〇〇〇円だったら、魅力はなくなってしまうでしょう。

――いわゆる、「値打ちがなくなる」ということですね。

そうです。高いから人は買うのです。人はブランドに自分を投影します。高級ブランドを持っている自分、という自己愛のようなものを感じるのです。プライドを持つことができます。そのプライドを形成するのも、価格なのです。

そしてこのことは、何も高級ブランドに限ったことではありません。ブランドに人柄があるように、その人柄に見合った価格があるのです。そこを十分考えてプライシングしてください。いい価格は、魅力的で、人を惹きつけてやまないものです。

この講のまとめ

- ☑ 価格の対価はお金、時間、応援票としての気持ちである
- ☑ 価格で最も重要なことは「ブランドの哲学」
- ☑ 安さを売りにすることは、とんがったブランドはしてはいけない
- ☑ 商品にはカテゴリーごとに、それぞれ価格許容ゾーンがある
- ☑ 許容ゾーンを敢えて外す価格設定もあり
- ☑ 高いから買う場合もある

TEA BREAK 5

マーケティング・ツールを工夫しよう

ブランドが、商品の姿かたちとしては「ただのありふれた商品カテゴリー」に属している場合があります。たとえばプリン、たとえばピザ、たとえばカツ丼、といった場合です。それでも、マーケティング・ツールを工夫することで、「ただのカテゴリー」が「とんがりのカテゴリー」となり、くっきりと鮮明な旗を立てることに成功することができます。

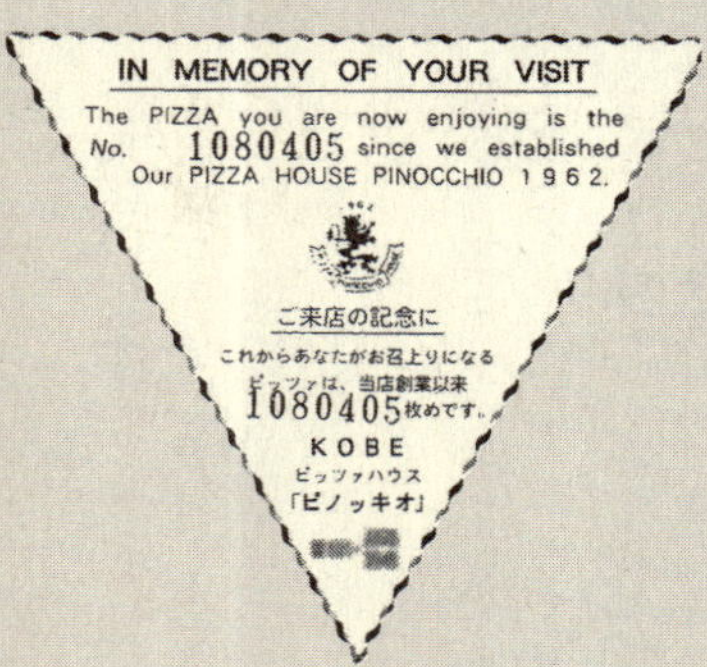
IN MEMORY OF YOUR VISIT
The PIZZA you are now enjoying is the
No. 1080405 since we established
Our PIZZA HOUSE PINOCCHIO 1962.
ご来店の記念に
これからあなたがお召上りになる
ピッツァは、当店創業以来
1080405枚めです。
KOBE
ピッツァハウス
「ピノッキオ」

ピザを事例として、お話ししましょう。

神戸は中山手通南側、NHKの向かいに、イタリアン・レストラン『ピノッキオ』があります。一九六二年創業の老舗です。ピザを頼むと、三角形の小さな紙切れがついてきます（上図参照）。ちなみにこのお店ではピザのことをピッツァと呼びます。

TEA BREAK ⑤

ご来店の記念に
これからあなたがお召し上がりになる
ピッツアは、当店創業以来
＊＊＊＊＊枚めです。

私が小学生の頃、何かいいことがあると、母が連れてきてくれました。そのときの枚数は覚えていないし、そもそも当時からこの三角形を使っていたかどうか定かではありません。しかし、おいしいピッツァは身体に刷り込まれ、私にとってのピッツァといえば、ピノッキオなのです。

先日、ある大きなカンファレンスの中で記念講演をすることになっていて、その準備中、ふとピノッキオについて触れようと思いました。ところが長く行っていません。阪神・淡路大震災もあったし、まだ店はあるのかな、と電話してみました。やってる、ということだったので、日帰りで、神戸に飛びました。

ナンバリングをすることで、「たかがピッツァ」が、「一枚ずつ違う顔」を持つことになります。取材のため行ったとき、自分用に一枚、土産用に一枚頼みました。それぞれ

「1080405」「1080407」枚めでした。間の「6」が飛んでいるのは、私の後に来店した女性客が頼んだからです。

「この前来たときは、たしか＊＊＊枚めだったんだよ」

「へーえ」

という会話が、客同士でなされます。

そして、顧客は、その三角の紙切れを持って帰ります。持って帰って家族や友人にも話すかもしれません。

私がここのピッツァを食べるたび、小学生の頃跳び箱を一段高く跳べるようになったご褒美に連れてきてくれた母を思い出すように、一つひとつ違う物語と文脈が、ナンバリングの数字に貼り付いていきます。

ブランドで重要なことは、「記憶に粘りつく」ということです。

「たかがピザ」にナンバリングの三角ツールを添えることで、「ピノッキオ」は、一九六二創業以来四十余年の歴史を、顧客のこころへ、自分史と共に粘りつかせることに成功しているのです。

第6講

ブランドづくりの実際(4)
「とんがり」を魅せる-2 パッケージ

パッケージ（Packaging）とは、「ブランドの魅せ方の全体」

――パッケージというのは、包装のことですか。

文字通りで考えると包装です。包装もブランドを魅せるのに大切な要素ですね。お中元やお歳暮に有名デパートで物を買うのは「有名デパートで買った印としての包装紙」を送り先に見せたいからですね。高級ブランドの店舗で買い物したらロゴ入りの手提げ袋に入れてくれます。この袋も、パッケージです。製品の包装紙も大事なパッケージです。このあとロゴの事例で詳しくお話しする花王石鹸は、発売当時（一八九〇〈明治二三〉年）、石鹸を丁寧に蝋紙で包み、品質証明書や能書を添えた上で、桐箱に麗々しく納めていました。高級品としてのブランド・イメージを築き、粗悪品とは違うのですよ、というアピールが込められています。

――包装でブランドの高級感を出そうとしていたのですね。たしかに現代でも、高級ブランドのお店だけではなく、きちんとした商店ではきれいに包装してくれます。「包装する」「包む」という文化は特に日本の商売では昔から大事にされているようですね。

そうですね。人に何か差し上げるときにも、ちゃんと何か紙袋に入れて、というマナーがあります。

さて、この授業ではパッケージの意味をもう少し広めに取ってみましょう。ブランドにおけるパッケージとは、**一言で言うと、「ブランドの魅せ方の全体」**です。

ゲシュタルト心理学の考え方では、人間は外界を認識するのに、個々の要素について認識するのではなく、要素の「全体」を認識します。生活者・顧客がブランドを認識するのも同様です。

――要素の合計ですか。

いえ、それでは足し算のイメージになります。そうではなくて、掛け算のイメージです。

――よくわかりません。

たとえば、ピアノを弾くとき、楽譜の通り一つひとつの鍵盤を機械的に押して音符を表現したとしても音楽にならないですよね。一つずつの音が断続的に聞こえるだけで、「メロディ」、つまり、音の流れとしては聞こえません。演奏家がある一つの曲想のもとに個々の音を「全体として」表現することで、メロディ、音楽になります。それと同じで、生活者・顧客は、ネーミング、価格、ロゴ、バイライン、タグラインなど、個々のブランドを構成する要素ではなく、それらを統合した全体で認識します。いわば、ブランドをメロディのように聞く、というわけです。

「パッケージ」全体のイメージを高めるために

店舗で考えてみましょう。高級レストランはなぜ「高級」に見えるのでしょう。

——店内の装飾、テーブル、椅子の素材感、高級な食器、行き届いたサービス……。

そうですね。ほかに、入口に飾ってある生花、音楽、さらには席に着いて渡されるメニューの紙質や文字のフォントなど、目に見える・見えないにかかわらず、店内で顧客を包むメッセージの統合された全体がブランドの高級感を形成しています。

——それらすべてがパッケージですか。

そうです。ニューヨークのある書店では猫がいます。人になれていて、ゆったりと店内を徘徊します。書棚の前で熟睡していることがあります。その姿を横目で見ながら本を選んでいると、とてもゆったりと、贅沢な気分で、幸せになります。そのような、猫のいる店内の雰囲気全体が、この書店のパッケージです。

――パッケージを機能ゾーンとブランド・ゾーン（第2講）で考えると、どうなりますか。

たとえばイタリアン・レストランで考えてみます。機能ゾーンでいうなら、「あの店に行けばイタリア料理が食べられる」ですね。

――それだけではだめなのですね。

並の店なら、それでもいいかもしれません。しかし、私たちは「もう一段上」のブランドを確立したレストランを目指しましょう。どうしますか。

――ブランド・ゾーンを充実させます。と言っても、どうすればいいのか、わからないのですが。

そこでパッケージの登場になるのです。シェフはもとより店のスタッフ全員イタリア人。店内で交わされる言葉はイタリア語。内装はシチリア島のパレルモに実際に存在するレストランを模したもの。皿、グラスなどの什器もパレルモで調達したもの。店のカラーは海を表す青と島の木々をイメージする緑、これらを適宜配色。ＢＧＭも現地の海で採った波の音……これらの要素がすべて集積して、パッケージを作ります。そして、理想を言えば、店側が意図したお客さんが来てくれて、席につき、「インテリア」として店の空気を形作ってくれれば最高です。

＊参考文献：『流行る店』、吉野信吾著、日経ＢＰ社

オフィスのすべてがブランドに影響する

――オフィスにはどんなブランド・パッケージがありますか。

顧客と接触するものすべてです。社員の服装、立ち居振る舞い、電話応対、受付嬢の対応、カタログ、名刺、社用便箋、ウェブサイトのデザイン、メールのやりとり、オフィスの空気、そこで交わされる会話、壁に貼ってあるポスター……。

――そういったものは、たとえばどんなときに影響してくるものでしょうか？

ある大企業を訪問したときのこと。都心に自社ビルを構える立派な一部上場企業です。エレベーターで受付のある階に上がり、受付嬢に名刺を示して、アポイントのある役員某氏に面会を求めました。来客は、受付を通したあと、面談者がやって来るまで、周囲にあるソファにかけて待つ、という仕組みになっています。受付嬢は二人いて、接客の途切れたときには楽しそうにおしゃべりをしています。声高らか、時に笑い声。やがて受付嬢がこう言いました。

「アドレスガーデン様。＊＊が参りました」

最初、これが私を呼んでいるのだということがわかりませんでした。でも、「＊＊」というのは私が面談する役員氏の名前です。現に、ご本人がにこやかにやって来ました。

あっと気づきました。当時、私の名刺に記載している日本のオフィスが入っているビルの名前が「アドレスガーデン」だったのです。社名をはっきり言っていたにもかかわらず、受付嬢は、間違えたのでした。

――でも、よくご自分が呼ばれているとわかりましたね（笑）。

本当に（笑）。まあ、これなどは笑い話ですが、しかし、私のこころの中に、くだんの企業のコーポレート・ブランドは、あの受付嬢の印象も一つの要素になっています。あまりいい印象でないことは間違いありません。私語、社名の間違え……。ディテールの積み重ね全体がパッケージになるのですから。

ところで、オフィスと言えば、所在する場所も重要です。

――別にどこにあっても同じだと思いますが。

いいえ。やはり、「場所の持っているイメージ」が大事です。プロフェッショナルで知的なイメージのブランドを築きたいのなら、世間で猥雑というイメージを持たれている場所にオフィスを構えるべきではないのです。私も、ニューヨークで会社を設立するとき、家賃やそのほか経費が高くつくことは覚悟の上で、マンハッタンのど真ん中に構えましたから。

個人の服装までパッケージと考えるべき

――服装は、やはりスーツとネクタイでなければならないのでしょうか。

スモールビジネスの経営者の場合はとても重要な問題です。一言で言うなら、服装もあなたのブランド・パッケージになります。ステレオタイプにクリエイティブな仕事だからジーンズ、カタい仕事だからスーツ、ということではありません。要するに顧客への敬意の示し方です。そして一口に「顧客」と言ってもいろんな好みの方がいらっしゃいます。顧客のこころのドアの入口で「落第」の憂き目にあいたくなければ、やはり無難な服装、初対面ではスーツとネクタイをお勧めします。

個性は仕事の中身で見せるべきです。髪型も同じですね。あなたの服装、身だしなみ、髪型など、顧客の目に触れるものも、「ブランドの統合された全体」を作るのだと、再認識してください。一度顧客のこころの中にブランドができあがれば、あとは時と場合に応じて、「自分を一番よく見せる」服装をするようにしてもいいでしょう。

――「一番リラックスできる」、あるいは「一番好き」ではなく「一番よく見せる」ということが重要ポイントですね。

はい。仕事はリラックスしたから品質が上がる、というものではありません。また、自分が好きだからといって似合うとも限らないのです。「自分が最もよく見える」服装について、第三者の意見も取り入れながら、知っておくようにしてください。

デザイン（design）の重要性

――先生、商品デザインもパッケージと考えられませんか。

とても重要なパッケージ要素です。特に目で見ることのできる製品（モノ）の場合は、デザインで独自性をアピールすることができます。老舗ブランドはいずれも独自のデザインで顧客のこころに刺さっているのです。

――たとえば、どんなデザインがありますか。

ヤクルトの、くびれのあるプラスチック容器、キリンビールの麒麟、カップヌードルの赤と白のロゴデザイン、金鳥蚊取り線香の鶏のマーク、ゴキブリホイホイのユーモラスなゴキブリ洋館風イラスト、などがあります。ほかにも、見回してみたら、生活空間の中に、一つや二つは、「おなじみのデザイン」があるはずです。

――瓶のデザインも、「おなじみ」がありますね。さっき先生がおっしゃったキリンラガービールの瓶のなで肩のフォルム、最近缶ばかりであまり見かけなくなりましたがコーラの瓶、あと、ラムネの、ビー玉が入った独特のデザインなども、印象的です。

そうですね。ラムネはあるブランドの、というよりも、ラムネというカテゴリーそのものを表現する瓶デザインになっています。最近目にすることがなくなって、寂しいですが。一目でそのブランドらしさが表れているデザインは、顧客のこころに刺さるために、とても重要ですね。ブランド・ゾーンを形成してくれます。自動車、特に外車は遠くから見るだけで、ああ、あれはBMWだ、ベンツだ、とわかりますね。

――デザインに関係すると思うのですが、ブランドの持つ「色」も大事ですね。

そのブランドが生まれて以来、一貫してデザインに同じ色を使っている、ということは、顧客のこころの中でブランド・ゾーンをくっきりさせるのにとても有効です。たとえばポカリスエットは青と白、ＩＢＭシンクパッドは黒と赤をずっと使っていますね。

また、色は、店舗をデザインするとき、パッケージの軸となる重要なものです。

―パッケージの軸とはどういうことですか。

店舗パッケージには外装、内装、テーブル、椅子、食器、照明、メニュー、観葉植物、音楽、フロアスタッフの制服などさまざまな要素がありますね。それらの基軸を、ある一つの色で統一する必要があります。それがその店のブランド・ゾーンをしっかり・くっきりしたものにします。

―先ほどのイタリアン・レストランの例もありましたね。

そうです。目に訴えるパワーの強い色を有効活用することで、とんがりを魅せることができます。

――先生、デザインに関係するものとして、ロゴもありますね。

ロゴ（Logo, Logotype）は、ブランド立ち上げと同時に創るべき

ロゴもパッケージを構成する重要な要素です。

――ロゴというのはマークみたいなものですか。

そうですね。ロゴタイプ、目印、トレードマーク、ともいいます。企業名、商標、略号などのシンボルマークをビジュアルに訴えかけることができるようにグラフィック・デザインしたものです。ブランドのネーミングがそのままロゴになっていることもありますね。ソニー（SONY）がそうです。ロックの矢沢永吉さんは「E・YAZAWA」をロゴにしています。日本人歌手としては最初ではないでしょうか。

――日本では昔から、家紋がありますね。ご老公こと水戸黄門様が出す印籠にも、葵のご紋が。

老舗ののれんに描かれている印も、今度あらためて見てみてください。味わい深いものですよ。

――ブランドはいつからロゴを作ればいいのでしょう。

「いつか時が来たら」というのでは困ります。ブランドを創ると同時にロゴもデザインしてください。「始めにロゴありき」と言ってもよいくらいです。ロゴはブランドの顔と言ってもいいのですから。

――自宅で仕事をしているSOHO起業家でも、ですか。

もちろんです。私は起業家が創業する際まず着手しなさい、と指導しているのは、ロゴ作りです。魅力的なロゴを考案し、名刺、社用便箋、カタログ、ウェブサイト、など、顧客の目に触れるマーケティング・ツールすべてに掲載するようにするのです。ブランドは顧客のこころの中に作られます。だからこそ、このように、「顧客と接触する目に見えるもの」には細心の注意を払うことが、ビジネスチャンスを大きくするのです。**あなたのブランドが「エクセレント」に見えるか、「平凡」に見えるかは、顧客と接触するマーケテ**

イング・ツール、とりわけロゴに大きく影響されます。あとで述べますが、良いブランド・パッケージを創ることにもつながります。

――このほかに、ロゴの効用はありますか。

ロゴはブランドに携わる社員のブランドへの愛、忠誠心、誇り、といったものを涵養する役割を持っています。

――「自分たちのブランド」という誇りですね。

理想を言えば、ロゴの背景となる創業者の「思い」や「ミッション」、さらには「哲学」が物語になっていればいいのですが。

――物語、と言いますと……。

たとえば、花王の月のマーク。花王石鹸は一八九〇（明治二三）年発売です。当時既に石鹸は外国産、国産とも市場に出回っていました。化粧石鹸は「顔洗い」と呼ばれていた

月のマークの移り変わり

1890 ► 1897 ► 1912 ► 1925 ► 1943 ► 1948 ► 1953
（明治23年）（明治30年）（大正元年）（大正14年）（昭和18年）（昭和23年）（昭和28年）

出所：花王株式会社広報センター発行『花王小史』より

ようです。ただ、国産の石鹸は品質が悪く、顔を洗うとひりひりしたといいます。花王の創業者・長瀬富郎氏は仲間と共に高品質かつ廉価な国産石鹸を開発しようと研究を重ねました。ついに完成したとき、第一に「花王が責任を持って作った」という品質保証のため、第二に「顔」と音を連想させ、覚えてもらいやすいように、「かおう」→「花王」とつけました。国産初の高品質化粧石鹸としての矜持が込められています。当時かけ蕎麦一杯が一銭の物価でしたが、桐箱入り三個三五銭でした。高級ブランド品としての意気込みが感じられる価格（プライシング）です。

また、これをきっかけに「花王」は社名の起源になりました（前身は長瀬商店）。月には「美と清浄のシンボル」という思いが込められているそうです。あの月のマークも時代とともに少しずつ変わってきています。

――そういう歴史を知ると、社員も、自分たちのブランドに対する誇りと励みを持つことができますね。

ロゴの役割について的を射る言葉がありますので、ご紹介します。

『ロゴは、ブランドの個性を伝えるグラフィック大使』（デューン・E・ナップ＊）

＊『ブランド・マインドセット』（拙訳、翔泳社、p.191）

アイコン（Icon, Iconographic Mark）も刺さるのに有効

――ほかに、「アイコン」もあるじゃないですか。お馴染みのキャラクターたち。アイコンはブランドを魅せることに有効だと思いますが。森永のエンゼルマーク、福助足袋のフクスケ、グリコのおじさん、クロネコヤマトのネコ、が有名ですね。最近ではポストペットのモモがいます。

そうですね。ブランドへの親しみを創り、覚えてもらいやすく、想起（思い出すこと）しやすくなる効果があります。アイコンは人間や動物が使われるため、無味乾燥なマークより、こころに刺さりやすいのです。

バイラインとタグライン

——先生、製品をよく見てみると、ロゴやブランド名（ネーミング）の近くに言葉が書かれていることがありますね。キャッチフレーズみたいに短いものや、文章になっているものもあります。これらはどういう意味を持つのですか？

バイラインとタグラインですね。ややもすると混同されがちですが、二つの機能ははっきりと違います。忙しくてメッセージの洪水に巻き込まれている顧客に、**「そのブランドが何をやっているのか・何をやりたいのか」わかってもらうこと**がバイラインの果たすべき役割です。ブランドやその属するカテゴリーの知名度によって違いますが、顧客のこころの中で、そのブランドが「食品」なのか「車」なのか、ポジションをはっきりさせるのです。だれが見ても食品だとわかる場合にはさらに詳しく、「ソフトドリンク」なのか、「アルコール飲料」なのか、より小さいカテゴリーについてポジショニングする（理解してもらう）力を持ちます。

——では次に、タグラインの働きについて教えてください。

タグラインはブランドが約束する価値を要約して説明するもの、と覚えてください。例を挙げると、

サントリーの南アルプス天然水では「山の神様がくれた水、サントリー天然水。」

花王メリットでは「髪と地肌と同じ弱酸性」

といったところです。

——ちょっと複雑ですね。いくつか実際の商品でバイラインとタグラインについて区別して教えてくださいませんか。

わかりました。

バス・マジックリン

バイライン：「マジックリン」の上に書いてある「バス」

「マジックリン」はもともと台所の掃除用品のブランドで、お風呂用のバス・マジックリンはファミリー・ブランドです。このように親ブランドの傘下に、子ブランドを作ることがあります。これらを家族になぞらえてファミリー・ブランドと呼ぶことがあります。マ

ジックリンの子ブランドには「トイレ」もあります。「マジックリン」ブランドは既によく認知されているので、「この商品はお風呂用ですよ」と知らせているのです。

タグライン：①泡の力でこすらず落とす
②除菌

トイレ・マジックリン

バイライン：①「マジックリン」の上の「トイレ」
②消臭・洗浄スプレー

タグライン：①ミントの香りでニオイが消える　これ一本で中も外もピカピカに
②除菌

コンバット

バイライン：ゴキブリ用

タグライン：2度効く！
（エサを食べたゴキブリはもちろん、そのフンや死骸を食べた巣の中のゴキブリも駆除）

ガム・デンタルリンス

バイライン：低刺激ノンアルコールタイプ
タグライン：歯周病菌とたたかう

冷えピタ超冷却ジェル

バイライン：新開発　熱放散ジェル
タグライン：高い熱をすばやく冷やす！

リケンのフォーラップミニ

バイライン：安心新素材

商品を見ただけで、食品包装用のラップフィルムだということはわかります。そこで、「ラップフィルム」カテゴリーの数あるブランドの中で、どうポジショニングしてほしいかを訴求しているのです。

タグライン：非塩素系の新素材を使用した、環境を考えた耐熱ラップです。

バイラインの「新素材」をさらに詳しく説明し、どんな価値があるのかを理解してもらうためにタグラインをつけています。

――実物の商品を前に考えるのは楽しいですね。今日からスーパーマーケットの棚を眺め

るのが楽しみになりそうです。

「バイラインは自分が何者かの自己紹介、タグラインは何ができるかの役割紹介」と覚えておきましょう。

以上でブランド構成要素であるブランド・ゾーン、イメージ、ネーミング、価格、パッケージの授業が終わりました。次に、ブランド戦略に欠くことのできない、広告と営業について考えてみましょう

この講のまとめ

- ☑ パッケージはブランドの魅せ方の全体
- ☑ パッケージはブランド・ゾーンを形成する
- ☑ オフィスの立地、服装などもパッケージとなる
- ☑ デザインで独自性を強くアピールできる
- ☑ 一貫した色を使うことでブランド・ゾーンを明確にできる
- ☑ ロゴはブランドの顔
- ☑ アイコンも刺さるのに有効
- ☑ バイラインは自分が何者かの自己紹介、タグラインは何ができるかの役割紹介

TEA BREAK 6

制服の威力

店舗やサービス会社で制服はとても重要です。顧客に対してはブランドがしっかりしているという印象を植え付けることができますし、従業員に対してはブランドで働く誇りを持ってもらうことができます。

ある自動車部品販売会社X社が経営相談で私を訪ねて来られました。

「七年前の創業以来、ずっと右肩下がりで、どんな手を打ってもストライクゾーンをそれてしまいます。このままだとジリ貧です。どうすればいいでしょうか」

そこでこれまでどんな手を打ったかを聞くと、年に何度か実施するセール期間の値下げでした。

「値下げしても、お客さんが増えないんです」

価格の授業でお話ししたように、「値下げ競争」は避けるべきブランド施策です。私は、経営者に同行しているスタッフに「クルマは好き?」と聞いてみました。二〇代前半らしい彼は、首を振りました。これが答えです。クルマが好きではない人から、だれがクルマ用品を買いたいと思うでしょうか。

私のブランド施策はこうです。ポジショニングの転換とパッケージの創造をしました。まず、それまでの「他店より一円でも安い店」というポジショニングをやめました。ブランドのタグラインを「わしら陽気なクルクル野郎」としました。ロゴを、二つ並んだタイヤのイラストに『クルクル』とふりがなをふったものにしました。そして、全員揃いのつなぎを用意したのです。胸には『クルクル』のロゴ。そして、毎週月曜夜、車の勉強会を実施しました。講師は持ち回りで社員がやることにしました。ということは、講師は勉強しなければならないことになります。若手、古株、関係なし、問答無用で「持ち回り」です。

パッケージを「車大好き!」「わしら陽気!」で統一しました。店内にレースのビデオを流しっぱなし、クルマ雑誌を揃え、自由閲覧できるようにしました。ビデオと雑誌はアメリカやヨーロッパからも取り寄せました。始めて半年は目に見える効果は出ませんでしたが、やがてスタッフ一人ひとりにお得意さんがつき始めました。車検サービスをやってないのに相談されたりし始めました。何より店内が明るくなりました。明るいパッケージになったのです。スタッフの発する「気」が「好きのオーラ」で満たされ始めたからでしょう。

ブランドの旗を「クルクル」へ転換して一年後、同店は、地区でも指折りの繁盛店になっています。揃いのつなぎを着ることで、ブランドへの誇りとクルマについてもっと勉強しなければならないな、という意欲に火をつける効果があったのです。

このように、ブランドのパッケージに、制服はとても重要です。

もう一つ、事例を見てみましょう。マンションの管理会社に清掃サービスを提供する会社のケースです。マンションの共有部分（廊下など）や玄関を掃除してくれている人を見かけたことはありませんか？　あのサービスを売っている会社です。清掃サービスだけをとってみれば他社と差別化がしにくいカテゴリーです。

ご多分にもれず、価格競争だけの世界でした。ある日社長が一念発起、従業員にきれいな制服を着てもらうことにしました。汚れ役の掃除サービスだからこそ、きれいで清潔な制服、かっこいいデザインを身につけてもらいたかったのです。効果はてきめんで、従業員の態度が見違えるほどきびきびし、マンションの住民に自分から元気な声で挨拶をするようになりました。「気持ちがいい」「安心できる」と、管理会社のみならず、住民にも評判となり、その会社は特に価格が安いわけではない（むしろ高い）のに、破竹の勢いで成長を続けています。

第7講

ブランドづくりの実際(5)
「とんがり」を魅せる―3 広告

絞り込んで、旗を魅せる

――先生、広告はブランドづくりには欠くことのできないものですね。

広告の極意は一つです。絞り込んで、旗を魅せる、これだけ。

――本当ですか？（笑）もっと複雑なものかと思っていました。

「絞り込む」には次の三つがあります。

・メッセージを絞る
・ターゲットを絞る
・媒体を絞る

第1講で学んだように、ブランドとは旗であり、約束です。
「○○（ブランドの名前）って、△△だよね」の「△△」が約束です。
ややもすると、「あれもできます、これもできるんです」と広告で説明しがちになりますし、したくなりますが、それでは効果がありません。中には美しい風景だけを映して、イメージだけで訴えかける、という広告もありますね。ところが、顧客は毎日、洪水のようなメッセージにさらされているのです。繁華街の雑踏の中に自分がいると想像してみてください。よくあるように、安売りのドラッグストアの店員さんが台の上に乗ってメガホン片手に何か叫んでいても、内容は耳に入ってこないですよね。

――うるさいので、閉口しています。

それと同じです。あなたは今日ここまで交通機関、何で来られましたか？

――ええと……。バス、JR、地下鉄の乗り継ぎです。

交通広告と呼ばれる、車輌内での中吊り広告、あるいはドアや窓に貼ってある広告で、何が一番記憶に残っていますか？

――……「一番」どころか、何も覚えていません。すみません。あ。週刊誌の見出しは一部ちょっと覚えていますが、それは広告じゃないですよね。いや、週刊誌にとってはそれも広告か……。えーっと、ブランドの広告はわかりません。これからはちゃんと覚えるようにこころがけます。

（笑いながら）いえいえ、何もあやまったり、すまながったりする必要は全くありませんし、「これからちゃんと覚える」という種類の話ではないです。まさにあなたのその回答に、広告の問題が潜んでいるのです。

効果がわかりにくいからこそ、シンプルに考える

――根が真面目なもので（笑）。記憶に残っていない、という点が問題なのですね。

はい。すべての企業の広告は無駄だと断言する人もいるくらい、広告の効果については測りかねるものがあります。

先日もあるブランド・ディレクターと話していて、この春から始めたテレビ・コマーシャルが新規顧客数を何人増やしたのか、と質問したところ、「そんなの、わかるはずがないじゃないですか」と笑いながら答えていました。

――では、何のために高額な料金を支払って広告するのですか。

そこです。効果測定が難しいからこそ、冒頭申し上げた、三つの絞り込みが必要なのです。ブランドが何を約束するのかというメッセージを絞り、だれにそのメッセージを届けたいのか、ターゲットを絞り、ターゲットと接触しやすいように媒体を絞るのです。

――さらに詳しく教えていただけますか。

とにかくシンプルに考え、シンプルに仕上げること、これに尽きます。一番いい広告は、顧客と直接面談して、ブランド担当者がブランドについて説明することなのです。それができないから、代わりに広告にやってもらうのです。

――人の代わりに働いてもらうわけですね。

その通り。ということは、人と人であればブランドをどのように説明するだろうか、という発想で広告を作る必要がある、というわけです。

広告の最大の目的は「ブランド資産」を増やすこと

——映画みたいな映像とか、あるじゃないですか。有名な歌手やタレントを使ったりして。

話題づくりにはいいでしょうが……。広告はあくまで、「ブランド資産」を増やすかどうかという指標で評価されるべきなのです。なので、歌手やタレントがブランドの応援団として後押ししてくれる、お墨付きをしてくれる、そのような内容であれば良いと思います。

——その「ブランド資産」とは?

ブランドが世の中からいただく対価は金銭的なものだけではありません。「オレ、あのブランドに惚れてんだよ」という、「ブランドへの愛」もあります。「親しみ」とか、「いい感じ」といった、感情に根ざすものです。ブランドとして長寿を目指すのであれば、「ブランドへの愛」がブランド資産として、最も重要と言えるでしょう。

では、ブランドへの愛は何によって生まれるかというと、ブランドそのものからもそうですし、店舗の場合は、パッケージ（第6講参照）全体から受ける好印象も大切です。スターバックスはマス媒体による広告はあまりしないブランドですが、店舗のパッケージがそのままブランドへの愛を育む要素になっていますね。

――えーっと、スターバックスの店舗パッケージというと、あの独特の香りとか、グリーンの色、マグカップ、木目を中心にした内装、スタッフの接客などですか。

そうです。それらがスターバックスのブランドの資産となって、時間が経つにつれて顧客のこころの中へ蓄積していくのです。

シンプルに、とにかくシンプルに

――最近、「これはいい広告だ」というものはありますか。

広告は生ものですから、あまり最近の事例をお話ししても、この授業は本になるわけですから具合が悪いですね。ちょっと考えさせてください……。

――思いつくままで結構です。

そうですか。では、いますぐに浮かんだのは、「ジングル」です。インテルのコマーシャルの最後に必ず入る「インテル、入ってる」という、あの短いメッセージですね。

――ジングルといえば音ですね。音というのはこころに刺さるのに、効果がありそうですね。

ありますす。何か音楽を聞くと、自動的にそのブランドがこころに浮かぶようになれば、大成功です。たとえば、ネスカフェ。「違いのわかる男のゴールドブレンド」というセリフと「ダバダ～」というあの音楽は、いまだに耳にこびりついて離れません。

――私は、サントリーの「ねんしょうけい、ねんしょうけい、アミノ式」という歌です。

ああ、あれはアクロバットみたいな運動をする登場人物の映像とともに、印象的ですね。でも、気をつけてください。「アミノ式」は成功事例ですが、通常、映像があまりに印象的だと、肝心のブランドからのメッセージが埋もれたり、かすむ危険があることを覚えておいてください。映像としては面白かったけど、でも、あれって、何のコマーシャル？という体験、あるでしょう？

――たしかに、そうですね。まるで短編映画のように楽しいストーリー仕立てはいいのですが、どこの企業の、何のブランドなのか、あとでちっとも思い出せないことが多いです。

シンプルに。とにかくシンプルに、伝えたいメッセージが、伝えたい人に、正しく伝わるかどうか、という基軸をはずさないようにしてください。

クチコミは重要。プロの力を借りよ

――先生、クチコミについてはいかがですか。

携帯電話とインターネットで顧客が「つながりっぱなし」になっている現代の市場で、クチコミはとても重要です。広告は「いいこと」しか言っていないことは、もはや現代の顧客ならだれもが知っています。そうなると、ブランドからのメッセージよりも、だれか信頼できる人からの情報のほうを信じるのは当然ですね。

――私は、先月引っ越しをしたのですが、歯が弱いので、いい歯医者さんを探すのに苦労しました。近所の人とも、まだ人間関係ができていないし……。そこで、ネットで、住んでいる地域のコミュニティサイトの掲示板の書き込みを調べて、検討しました。サイトもいくつかあって、評価が星で表示されているレーティングの仕掛けがあるところもあり、大いに参考になりました。

ネットのクチコミ、ネットコミというやつですね。私も、地元のレストランの評価を店に行く前に調べることが習慣になっています。行ってしまってからではどうしようもありませんからね。

――レーティング・サイトの中でも、「この人の言うことなら信頼できる」という、いわゆる「カリスマ」的な人もいます。

そうですね。ただ、企業とブランド側にとってみれば、クチコミはマネジメントできないものです。意図的に仕掛けたとしても、いやらしくなるだけです。

意図的にクチコミでプロモーションする科学を確立している、専門のマーケティング会社があります（＊）。**やはりクチコミに関しては、このようなプロフェッショナルの力を**

借りることをお勧めします。ただ、重要なことは、クチコミによってどんなブランドでも売れるようになる、というわけではありません。

何といっても重要なのはブランドの旗であり約束です。そしてそれを的確に表現するメッセージです。ここを忘れてはいけません。実力が一〇点満点中三点しかないブランドが、クチコミによって下駄を履かせてもらい、一〇点になって爆発的に売れる、というわけではありません。

――クチコミに限らない話ですね。広告はあくまでメッセージであり、広告によってブランドの実力が上がるわけではありませんよね。

また、クチコミには、市場の評価をちょっと聞いてみる、という利用の仕方もあります。

＊代表的な会社は株式会社ハー・ストーリィ。同社は独自の「クチコミュニティ」というマーケティング手法を編み出し、女性会員一〇万人を組織して販売促進のお手伝いサービスを販売しています。

http://www.herstory.co.jp/

チラシはブランドの姿勢を決めてから

——クチコミにリンクする手法ですが、チラシについてはいかがでしょう。

チラシの話にも関連するので、まずは「ブランドの姿勢」についてお話ししましょう。

——「ブランドの姿勢」、ですか? よくわかりません。

通常、ブランドを新しく市場に紹介するとき、意識する・しないにかかわらず企業のブランド責任者は次のいずれかの姿勢を選びます。

・顧客がブランドを見上げるか
・ブランドが顧客を見上げるか

——すると、エルメスなどの高級ブランドは「顧客が見上げる」姿勢ですね。高級ホテル、超一流レストランなども同じですね。

ご名答。「敷居の高さ」で魅せていますね。

――消費財、特に生活必需品は基本的にブランドが顧客を見上げる姿勢になるのではないですか。

冴えてますね。その通りです。大量生産・大量消費の文法で設計されているブランドは結果的に、ブランドが顧客を見上げる姿勢になります。ブランドは販売店の棚の中にいて、顧客から選び取られるのを待つからです。

――ブランドの姿勢、よくわかりました。このどちらを取るか、始めに決めておかないと、中途半端な広告メッセージになるのですね。

そこで、チラシに戻りますが、チラシに記載するのは、通常、「どこよりも安い！」とか、「買うとこんなにおトク！」といった「お誘い」の姿勢です。ブランドが顧客を見上げる姿勢の場合には必要になりますが、顧客に見上げてもらいたいブランドの場合、チラシは命取りになります。

――なるほど。「来たいなら、来れば？」と澄ましているはずのブランドが「どうぞ寄ってらっしゃい」と言っているのですから、自己矛盾ですね。

そこなのです。このブランドの姿勢は、実は、広告媒体を選ぶときや、メッセージの設計、パッケージでも留意しておくべき、大切なマインドセット（気構え）です。

媒体はブランドが着る服

媒体選択は十分に気をつける必要があります。媒体は、ブランドが着る服と言ってよいでしょう。

――媒体選択と言いますと、テレビか、雑誌か、ダイレクトメールか、ウェブサイト、電子メールなどなど……ということですか。

そうです。顧客は、そのブランドが何の服を着て、つまり、何の媒体で広告しているのか、ということからもブランドへの印象を得、こころに蓄積します。毎日郵便ボックスを埋めるジャンクメールの中にあなたのブランドからのメールが入っていたら、「ワン・オブ・

ゼム」、即ち、「郵便箱ブランド」、もっと印象が悪いときには、「ジャンク・ブランド」とこころに刷り込まれてしまいます。

――ということは、ほら、地方の土産物店などで、よく店頭に貼ってあるじゃないですか。「テレビCM放映中！」といったメッセージ。あれはあれで有効だということですか。

そうです。顧客は驚くほど保守的な考え方をします。事実はどうであれ、また、何をもってものさしとするのか、ということとは無関係に、顧客のこころの中で、媒体にヒエラルキーは、存在するのです。

――一番てっぺんはやはりテレビですか。

はい。その次は、ブランドの属性によりますが、一般的には雑誌、ラジオ、という順番になりますね。ウェブサイトやバナー広告、電子メールは、インターネット・ビジネスのブランドの場合はやはり何と言っても上位になります。しかし、これも「どこの媒体に出すか」をよく考えなければ、ターゲットがだれも歩いていない街角に看板を出すのと同じことで、効果は望めません。

——もちろん、ブランドによってはテレビは使わず、敢えてＦＭラジオで商品の特徴をしっかり説明して、理解、共鳴してもらったほうがいい場合もありますよね。私はある健康食品を、ドライブ中にＦＭラジオの広告で知り、試しに買ってみて、ファンになった経験があります。

おっしゃる通り。あくまでも先に述べたのは一般論であり、ブランドによって媒体選択と利用比重のミックスは考えなければなりません。媒体はブランドの服であり、服である以上、人間と同じく、ＴＰＯに合わせて考えていく姿勢が重要です。そして、広告はブランドを気持ちよく世の中に送り出すための下ごしらえをしてくれるのです。

この講のまとめ

- ☑ 絞り込んで、旗を魅せる
- ☑ 広告の目的は、ブランド資産を増やすことにある
- ☑ シンプルに、とにかくシンプルに
- ☑ クチコミは重要。プロの力を借りよ
- ☑ チラシはブランドの姿勢を決めてから
- ☑ 媒体はブランドが着る服。ＴＰＯをわきまえて

TEA BREAK 7

広告マンになりたかったんです

私の就職活動の第一志望は、広告代理店でした。受験した会社全部に落第して、就職したのはメーカーでしたが。

高校生の頃から映画が好きで、自主制作映画を作っていました。高校時代に二本、大学時代に一本、八ミリで撮っては、文化祭で上映して喜んでいました。なのにどうして映画監督とか、映画の世界に行きたくならなかったのかというと、よくわかりません。映画の世界はどちらかというと「一匹狼」的なイメージが強かったからかもあ。いま書きながら気づきましたが、映画制作という仕事は、監督、カメラ、役者、編集、音、など、複数のメンバーのチームワークで進めるプロジェクトです。私は監督として、三本の自主制作プロジェクトで、リーダーの役割を果たさなければなりませんでした。ところが、自分でもはっきりとわかったのですが、自分はリーダーには向いていない、とそのとき悟ったのでした。リーダーシップが発揮できない。みんなの気持ちと、自分の気持ちの間に溝がある。そう考えていました。この時の劣等感が、リーダーシップについてずっと考える下地になったのかもしれません。このときはまさかその二十数年後、リーダーシップをテーマにした本（＊）を書くようになろうとは夢にも思っていませんでした。

……話を戻しますと、映画というか、映像を作ることが好きだったので、広告代理店でコマーシャルを作りたい、そう考えたのです。小さい頃から、テレビのコマーシャルが好きでした。いまでも好きですね。私がマーケティングの仕事をしているのも、この、「テレビ・コマーシャルが好き」という「好き」が大きい動機になっています。懐かしのCMソングを年代別に集めたCDが発売されていて、愛聴しています。


「チョッコレート、チョッコレート、チョコレートは明治」

「ブルーダイヤ。ブルーダイヤ。金銀パールプレゼント」

「レディーボーデン、レディーボーデン」

「ほら、チェルシー、もひとつ、チェルシー」

「アクロンなら毛糸洗いに自信がつきます」


これらの歌を聞くと、当時の思い出が蘇ります。たちまち小学生だった自分に戻ります。まだ生きていた母の声も聞こえてきて、ちょっとセンチメンタルな気分になります。本当に音の力は大きいです。広告における音の力は、こういったエピソードからもわかりますよね。

＊『リーダーこれだけ心得帖』日本経済新聞出版社、『リーダーシップの教科書』日本実業出版社

第8講　営業なくしてブランドなし

営業は価値伝達のアンカー

――営業がブランドに対してどういう意味を持つのですか？　どうも営業担当者とブランドというのは遠いイメージがあるのですが。

はは あ。一般的にはそうかもしれませんね。営業といえば、地域を決めて、その中にある会社をしらみつぶしに飛び込み訪問するとか、小売店の店頭に立って在庫のチェックをしたり、コンビニの棚（フェース）の提案をしたり、ということで、直接ブランドに関わる仕事とは違う、というイメージですからね。

――そうなのです。「ブランドづくり」という言葉から連想するのは、「本社」「オフィス」ですが、「営業」からは「現場」「地方の支社」といったイメージが浮かびます。

多くの営業の現場では、そのようなステレオタイプのイメージに従ったマインドセット（気構え）となっているのが実情です。「自分はブランドづくりの一翼を担っている」というよりは、「一つでも多く売る」ということを自分のミッションにしているふしがあります。

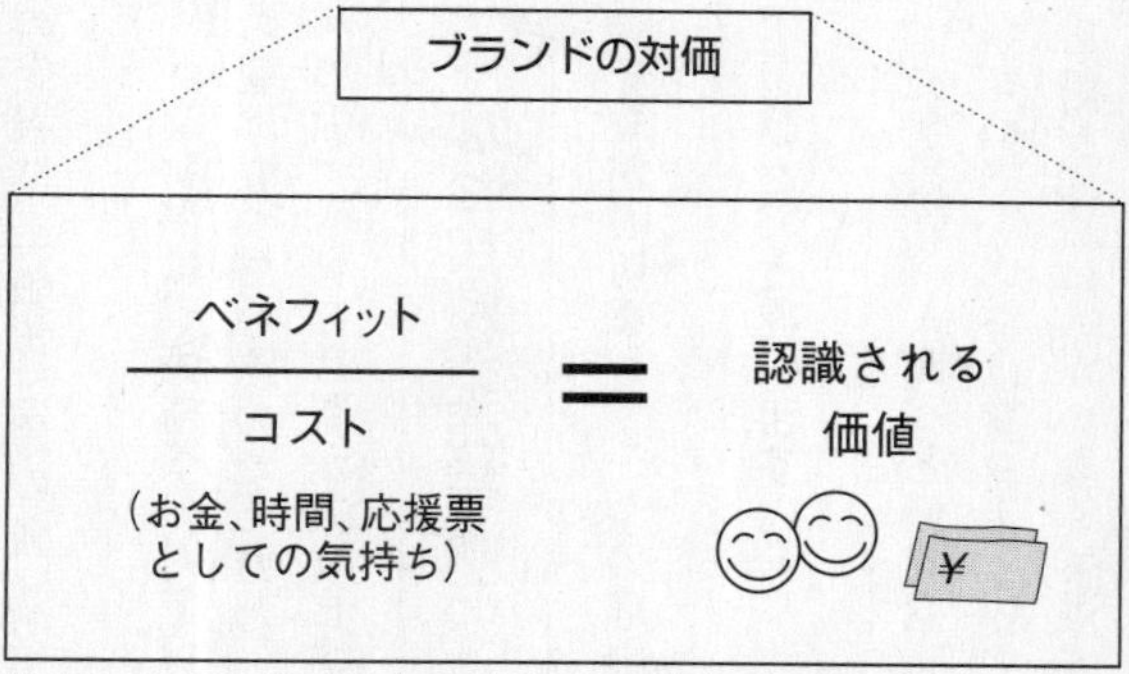

（『ブランド・マインドセット』P.61「ブランド価値」の図を参考にした）
＊参考『ブランド・マインドセット』（デューン・E・ナップ、拙訳、翔泳社）

――そうですよね。営業といえば「数字のノルマ」が浮かびます。

しかし、売るだけが営業ではないのです。「ブランドづくりにとって営業がとても重要」なのです。

企業がブランドづくりを実行するのは、顧客のこころの中に旗を立て、約束するためですよね。商品そのものの中にブランドがあるのではなく、顧客のこころの中にブランドを「立てる」必要があります（第1講）。商品には機能ゾーンとブランド・ゾーンがありますが、ブランド・ゾーンは価値説明をしっかりしなければ、届きません。

――営業というと、どうしても、商品の売り込み、というイメージがあります。

そうですね。でも、ブランドにとっての営業の役割は、「売り込み」ではなく、「価値伝達」なのです。ブランドづくりにおける営業の仕事の定義は、「価値伝達のアンカー（最終ランナー）」なのです。

ブランドは、価格への対価はお金だけではなく、時間や応援票としての気持ちも顧客から受け取っているのでしたね。「オレ、あのブランドに惚れてるんだ」という「ブランドへの愛」も育む必要があります（第7講）。

なぜ自動券売機があるのに、人のいる窓口に並ぶのか？

営業が大切なもう一つの理由は、顧客と接触する、ブランドを代表する「人」だからです。

――ひと、と言いますと？

文字通り、人間、という意味です。JRのみどりの窓口を観察してみてください。自動券売機でも切符は買えますが、多くの人は、人間が応対してくれる窓口の列に並びます。自動券売機は人がいなくて並ぶ必要がないのに、わざわざ人のいる窓口に並ぶのはなぜでしょう。

──機械をうまく扱えないかもしれないからでしょうか。

一部の人にはそうかもしれません。しかし、大半の人は、「機械ではなく、人に応対してもらいたい」のです。

──でも、機械を使ったほうが時間の節約になるじゃないですか。先生もおっしゃっているように、時間こそが、現代の顧客にとって、希少な価値のある大切な資源ではないのですか。

もちろん時間は大切です。しかし、みどりの窓口に並んでいる顧客はどういう人かというと、ビジネスであれプライベートであれ、これから旅に出る人ですね。そして、旅というのは、人間が一人ずつ顔が違うように、一つひとつが違う事情を含んでいるものです。

──たしかに。目的地に一分でも早く着きたい、というのもあるし、時間はかかってもいいから、安く行きたい、というのもあります。

そして、中には重くてかさばるスーツケースを持っているから、荷物棚に入らないので、車輌の一番後ろの席に席を取って、背中のスペースに置きたい、という思いがある人もいます。

――十人十色、というわけですね。

まさにそうです。みんな、自分だけは他の人とは違う、特別な事情を抱えていると思っているのです。そしてこの傾向はみどりの窓口に並ぶ人たちだけではないですね。
顧客が持つさまざまな「思い」を汲み取り、的確に解決策を示すこと。
これこそが、ブランドづくりにおける営業のするべき仕事です。

ブランドの価値は営業の人間力で決まる

ブランドが価値を訴える先は顧客という「人」です。だからこそ、「人」である営業担当の仕事が重要なのです。「営業なくしてブランドなし」というのはこういう意味です。
ブランドの価値は営業の人間力で決まるのです。

――「ブランドの価値は営業の人間力で決まる」ですか。いい言葉ですね。

シュレッダーのトップメーカー明光商会創業者の高木禮二氏が著書で披露されている実話をお借りしましょう（＊）。ある若手営業マンの話です。

営業で訪問した顧客から、ファクス、コピー、パソコンなど多くのオフィス機器を使っているので、この上さらにシュレッダーを使い始めると電気容量を超えてブレーカーが落ちるのではないか、と質問されました。営業マンは即答できませんでした。

この質問に答えるには、まずシュレッダーの最大出力を知っていなければなりません。さらに、顧客のオフィスで使っている個々の機器の使用電力について調べなければ全体を判断することはできません。自社のシュレッダーについては社内で調べればわかりますが、ファクスなどは各メーカーに問い合わせる必要があります。そこで顧客に、各機器の機種を教えてください、と問い合わせしたところ、「そこまではいいよ。よくわかった。ありがとう」と、その電話で商談が成立したとのことです。

――人間力とどう関係あるのですか？

高木氏は、「お客様から答えにくい質問がきたときどうするか」の事例として挙げておられますが、私は、くだんの営業マンの仕事に対する取り組み方、ひいては「明光商会」というコーポレート・ブランド、「MSシュレッダー」という商品ブランドへの誇りが彼のこころの底にあったから、こういう対応になったのだと思うのです。

そう思う理由は、彼の全体観ある視点です。自分はただ書類を細かく裁断するための機械（シュレッダー）だけを売りに行っているのではなく、顧客のオフィスをより良くし、ひいては商売繁盛に少しでも貢献したい、と考えているからこそ、全体観ある視点が生まれたのだと考えます。

——なるほど。シュレッダーの使用電力はこれこれです、とだけ答えれば、一応、顧客の質問には答えたことになりますからね。

＊『人を動かす力』（高木禮二著、ワック）p.144-145

営業担当者の人格すべてがブランドとなる

それだけ答えているのでは、「モノ」だけを売っていることになります。自分の担当しているブランドによって、何の価値を提案しているのか、ということを常々考えている営業か、そうではないか、こういうところに表れてくるのではないでしょうか。事例のお客さんは、営業マンの姿勢に、ブランドの約束が形となって表れているのを見て、購入を決めたのだと思います。

――先生、いま気づいたのですが、営業担当者も、ブランドのパッケージの要素の一つと考えられませんか（第6講）。

その通りです。身だしなみ、言葉遣い、礼儀作法など、すべてがブランドを体現しているのです。ブランドは、目に見えません。ブランドは商品の中にあるのではありません。顧客のこころの中に生まれます。だからこそ、顧客と直《じか》に接触する営業担当者は、重要なブランドのパッケージです。

――心しなければなりませんね。日々これ、精進ですね。

（笑いながら）いやはや、これは古い言い方ですね。でも、ブランドのことを考えれば、まさにおっしゃる通りです。ブランド柄にふさわしい人柄を備えるべく、勉強を欠かさないようにしましょうね。

ブランドと市場とをつなぐ窓としてフィードバックする

――「フィードバック」とは何を指して言うのですか？

営業は販売の前線にいます。顧客に最も近いのが営業です。ブランドに対する評価、たとえばボトルのデザイン一つにしても、企業の独善になってはいまいか、価格は支持されているか、プロモーションは意図通り受け入れられているのか、といった、企業からの発信がどのように受信され、評価されているのかを、営業がしっかり事実を収集して、報告しなければなりません。このことを、フィードバックといいます。フィードバックをしっかり持っているブランドは強くなります。営業担当者は、ブランドと市場とをつなぐ窓の役割をしているのです。

――顧客の声を伝えるということ以外に、フィードバックの仕事はありますか。

あります。昨日たまたま地方に出張していて、古い商店街を歩いていたら、くたびれた感じの婦人服店で、昔一世風靡していたアパレル・ブランドの名前の入ったポスターが貼ったままになっていました。茶色く日に焼けていて、「落日のブランド」というイメージにも取れました。

たとえば、このブランドが今度新しい商品ラインアップを市場に問おうとしたとき、このマイナスイメージは足を引っぱりかねません。ポスターや販売促進のためのノベルティグッズなどを店頭に適切なタイミングで提供し、時期が過ぎたら時を移さず撤去する、というのは、流通に任せておいてはいけません。ブランドの営業が自らの責任において、しっかり実行しなければならないのです。

――「ボンカレー」や「オロナミンC」といった昔のホーローの看板が郷愁を呼ぶこともありますが、それは「思いっきり昔」の場合ですね。

そうです。ブランドが現代に生き、時代の空気を使ってめらめらと熱く燃え上がるためには、流通の現場でも常にアップデートされたブランドの姿を見せている必要があります。

営業が、究極の広告塔となる

――先生、「広告」（第7講）の授業で、「一番いい広告は、顧客と直接面談して、ブランド担当者がブランドについて説明すること」とおっしゃっていました。営業ならこの仕事をできるじゃないですか!

その通りです。ブランドの旗と約束をしっかり理解し、シンプルに顧客に向かって説明できること。営業の、ブランドにとっての意義は、これに尽きます。「売るだけの営業」と、「ブランドづくりを地図として実行する営業」との違いも、ここにあります。数字を上げるためなら何をやってもいい、というわけではありません。営業のやり方もブランドの旗や約束に沿ったものでなければ、「パッケージの統一感」が得られませんから。

営業がブランドを落とすこともある

──営業のせいでブランド資産が落ちる、ということもあるのですか?

そうですね。「営業」という意味を広く捉えすぎかもしれませんが、二〇〇〇(平成一二)年、負債総額一兆八七〇〇億円で破綻したそごう百貨店の拡大路線、ブランド資産を落とした事例として考えてもいいかもしれませんね。

大阪本店、東京店だけではなく、千葉そごうを皮切りに始まった巨艦店舗の出店展開ですね。柏、広島、札幌、黒崎、船橋、長野、徳島、八王子、タイ、香港……と、怒濤の出店で拡大路線をひた走ったことは未だに記憶に新しいです。「地方都市へ都心の香りを運ぶ」とも一部の人に言われました。

しかし、第7講で学んだ「ブランドの姿勢」で考えると、百貨店は明らかに「顧客がブランドを見上げる」姿勢を取るべきブランド・カテゴリーです。

――「わざわざ地方から店にやってくる」ことが重要なのですね。

そごうはその逆を行きました。たとえば奈良そごうの立地場所は、「奈良最大の繁華街である近鉄奈良駅からは約二キロと遠く、最寄り駅からも徒歩で十分以上の距離」（＊）でした。これではまるでスーパーです。当然、天保元（一八三〇）年に源を持つ老舗としてのコーポレート・ブランドは大いなるダメージを負います。

そごうの破綻の原因にはさまざまありますが、ブランド論の観点から申し上げれば、明らかに「ブランドづくりなき拡大路線」が命取りになったと考えられます。

＊『ブランドはなぜ墜ちたか』産経新聞取材班著、角川文庫、p.144

――営業はブランドの価値伝達アンカーというこの授業最初の言葉をかみしめたいですね。

そうですね。やみくもに売ればよい、ただ拡大すればOK、ということは必ずしもブランドにとって良いことではないのです。営業もまた、ブランドのパッケージを形成する重要な要素でもあることを、再認識しましょう。

詳しくは次の講で述べますが、顧客への愛と自らの美学をしっかり持った営業になっていただきたいと思います。

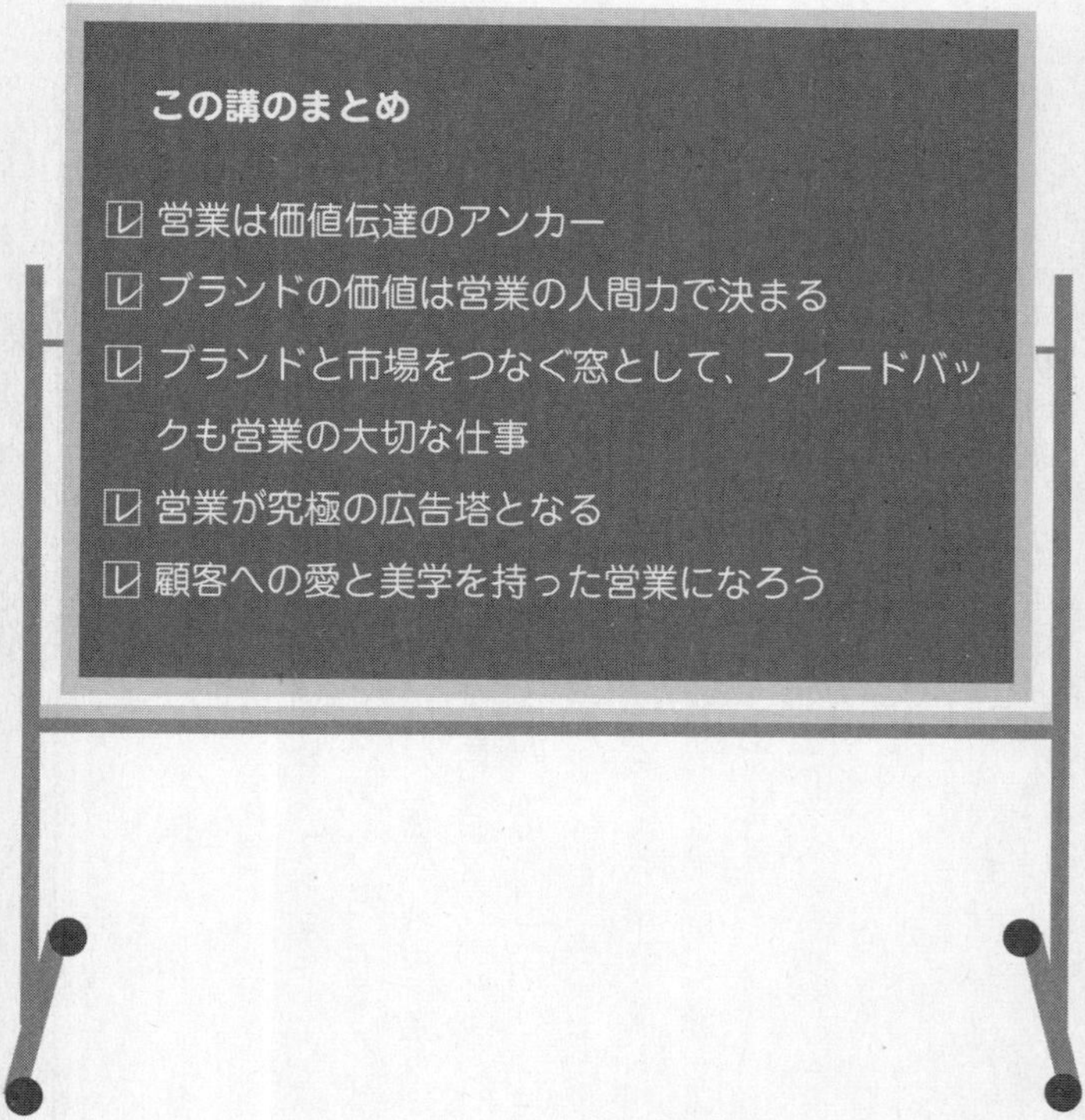
この講のまとめ
☑ 営業は価値伝達のアンカー
☑ ブランドの価値は営業の人間力で決まる
☑ ブランドと市場をつなぐ窓として、フィードバックも営業の大切な仕事
☑ 営業が究極の広告塔となる
☑ 顧客への愛と美学を持った営業になろう

TEA BREAK 8

がんばれ！ 営業

この授業では、ブランドづくりにおける営業に絞ってお話をしています。だから、いわゆる営業の総合的な話はしていません。ご存知の方もいらっしゃるかもしれませんが、私は営業職を長くやりました。およそ二〇年建材の営業で現場を走り回ってきましたので、根っからの営業です。だからひときわ、営業担当の方へのシンパシーを強く感じます。営業にはがんばってもらいたい、こころの底から思います。そこでこのTEA BREAKでは、営業への熱いエールを送りたいと思います。

非常に単純なことですが、いくら素晴らしいブランドを創造しても、営業が顧客（あるいは流通）に知らせなければ、この世に存在しないのと同じです。広告・宣伝もありますが、やはり人間が肉声で語るに勝るものはありません。

営業がブランドの価値を熱く語らなければ、伝わるものも伝わりません。価値の最終アンカーとして、是非、毎日を腕まくりしてがんばっていただきたいものです。

そこで営業の秘訣を、読者の皆様だけに、こっそり、伝授しましょう。いいですか。小さい声で言うので、聞き逃さないようにしてくださいね。秘訣は……「アプコ」です。

え？　聞こえない？　仕方ないですね……。もう一度だけ、言いますよ。「アプコ」です。

何のことかわかんない？　はい、これから説明しますね。

「アプコ」とは、「愛」「プレゼンテーション」「コミュニケーション」の頭文字です。

勝てる営業は、この三つを武器にします。順に説明しますね。

愛

何といっても、自分が売っているブランドに対して、「心底惚れ抜いている」という、「愛」がなければなりません。自分が惚れなくて、どうして顧客が惚れてくれますか。

熱い支持をもらっているブランドに共通しているのは、「惚れ抜いて売っている営業」と、「惚れ抜いて支持しているお得意さん」の二人がブランドを支えていることです。流通の担当者も仲間です。ブランドへの愛を分かち合いましょう。そのためには、まず営業であるあなたがブランドへの「惚れ抜き」愛を持ち、伝染させなければなりません。

そして、日常使う言葉は常にポジティブな言葉になるようにこころがけましょう。言葉は人の行動を変えます。行動が変わると、それはその人の人柄になります。常にネガティブな言葉を口にしていると、行動もネガティブになり、人柄もくらーくなってしまいます（笑）。ポジティブな言葉は、行動をも変えてくれます。組織の空気も明るくなります。

TEA BREAK 8

第3講のTEA BREAKで「原始的な熱情（プリミティブ・パッション）」を持ってください、と言いましたが、同じことですね。愛です、愛。ブランドに惚れてほれて、惚れ抜きましょう。

プレゼンテーション

プレゼンテーションの秘訣は、「相手のニーズをいかに読み取って、ブランドの価値とマッチングさせるか」です。コンビニの棚（フェース）の提案をするにしても、一方的にブランド側の都合でプレゼンしてもダメです。いま目の前にいるコンビニの担当者が、何をしたいのか、何を解決したいのか、まずはじっくり話を聞き取ることが先決なのです。

ここが往々にして間違えやすいのですが、土足で相手のこころに踏み込んでもうまくいきません。営業は恋愛と同じなのです。押せ押せ、でうまくいくこともありますが、それは稀で、相手の気持ちをじっくり読みながら、相手のしてほしいことをしてあげる。そう、「かゆいところに手が届く」こと。これがプレゼンテーションのツボです。見事なスライド、雄弁なトーク、などは不要です。相手がしてほしいことをしてあげる。相手がしてほしくないことはしない。このシンプルなルールを常に守る。これだけであな

TEA BREAK ⑧

たはプレゼン上手になれます。

コミュニケーション

・受信せよ

コミュニケーションの秘訣も、実はプレゼンと同じで、「受信」にあります。発信のその前に、受信。相手が何を意図しているのか。言葉になっていることもあるし、口にはしていないが、こころの底では考えている、ということをいかに察知できるか。受信にアンテナの感度を最大にしてみてください。おのずと、発信能力も上達するはずです。セールストークはヘタでも構いません。「弁舌爽やか、中身ゼロ」より、顧客に好印象を持ってもらえます。

・ウソは言わない

どんなブランドでも、「そこを突かれたらつらいぜ」という弱点はあります。顧客が突いてきたらどうしますか？

「テキトーにごまかします」

「そこには極力触れないように、別の言い方でソフトにくるみます」

いずれもブー！　です。弱点を突かれ、もしそれが正鵠を射ていたら、「はい。おっしゃる通りです」と素直に認めましょう。弱点をさらす人は、愛されます。一〇〇点満点のものなんて、世の中にはないことを、みんなわかっています。虚構の世界で営業ごっこをするのはやめましょう。

弱点は弱点として認め、その弱点をどうすれば克服できるのか、「顧客の身になって」考えましょう。あなたのその姿勢を、きっと顧客は評価してくれるはずです。ひいてはブランドへの愛が育まれることになるのです。ウソはやめましょう。

コミュニケーションは営業に限らず、すべてのビジネスパーソンにとって課題です。コミュニケーション上手は仕事上手。これも日々の実践の中で学んでいくしかありません。努力しましょう。一人でも多くの人に会い、フェース・トゥ・フェースで顔の見えるコミュニケーションを重ねていきましょう。

営業を勉強するのにお勧めの本

私がバイブルのようにしているのが、本文でもご紹介した、髙木禮二氏の『人を動かす力』（ワック）です。髙木氏は明光商会創業者。紙を裁断するシュレッダーを日本で初めて考案しました。カテゴリーそのものを創造したのです。しかも、いまだに抜群のシェア（八割）を維持しています。そのような素晴らしい会社を一代で築いた基礎にあるのが、氏の営業体験です。

高木氏の「営業」に対する世界観の底には人間成長があります。常に現状に満足することなく、自分を磨き、人間として成長したい、というものです。ややもすると現状に甘んじてしまいがちな私は、半年に一回は読み返し、自分を戒めることを習慣にしています。

第9講

失敗を知識化して継承し、未来に活かす

新しいことに挑戦するからこそ、失敗する

——先生、「失敗」の講義がなぜ、ブランドの授業にあるのですか?

そうですね。成功事例なら、話はわかりますが、失敗、というのはどうしてなんだろう？と思うかもしれませんね。でも、仕事は人間がすることであり、ブランドも人間の、人間による、人間のための営みです。そして人間は失敗する動物です。ところで、あなたは何かスポーツはしますか。

——野球が好きです。見るのも、プレイするのも。こう見えて高校時代四番を打ってました。

すごいじゃないですか。じゃ、野球を例にとって考えてみますね。四割バッターといえば、強打者です。でも、見方を変えれば一〇のうち六は失敗している、ということです。

——たしかにそうですね。四割まで打てない、いわゆる「並」のバッターなら、もっと失敗していることになりますね。私がそうでした(笑)。

その通りです。才能に恵まれ、プロで野球やっている人たちですら、失敗のほうが多いのです。失敗したとき、どうしていますか。

――失敗というか、打てないとき、伸びる選手は、なぜ打てないか原因分析しています。相手投手との相性なのか、苦手な球のコース――私は内角低めがとても苦手でした――が続いたのか、打席ごとに原因を突きとめ、なんとか解決できないか考察していました。その考察をもとに練習を積み、より腕を上げるのが、すぐれたバッターです。

かの歴史に残る大打者ベーブ・ルースは五〇年も破られなかった最多ホームラン記録を持っていましたが、同時に最多三振記録も持っていたそうです（＊）。

ブランドも同じことです。失敗するのは「何もしなかったから」ではなく、「何か新しいことに挑戦したから」です。

＊『世界のヒット商品はどんな「ひらめき」から生まれたの？』スティーブン・D・ストラウス著、飛田妙子・萩岡史子訳、主婦の友社、p.278

「失敗の育成」ができる風土を

――何か新しいことをするのに、失敗はつきものですからね。失敗とブランドを結びつけて考えるときに、先生、何かキーワードになる一言がありますか。

「失敗の育成」です。

――「失敗」を「育成する」というのは、どんどん失敗せよ、と奨励することですか。それともまさか、失敗の傷口をさらに拡げる、というのではないですよね？（笑）

（笑いながら）たしかに耳慣れない言葉かもしれませんね。

育成とは、起きてしまった失敗を知識化し、後の世代に継承することを指しています。企業風土というものがどこの会社でもありますよね。それと同じで、「ブランド風土」というものもあるはずです。なければ、意識して培っていただきたいのです。

――つまり、「失敗してもオーケー」という風土ですか。

はい。失敗してもオーケーという風土は、言葉を換えれば、一つには、どんどん挑戦せよ、またもう一つには、失敗を未来のために活かそう、という風土です。

未来のための肥やしにするには、失敗をただの現象、封印したいネガティブな事件としてのみ記録するのではなく、知識化し、知恵として昇華して、だれでも活用できるようにするシステムを作り上げる必要があります。

——失敗を育成するメリットには、ほかにどんなものがありますか。

失敗を重視する視点は私自身の人生観からきています。人生で雨、それも土砂降りの雨を体験した人ほど、経験知が蓄えられ、人にやさしくなれるし、晴れているときでも慎重になれますよね。痛い思いの一つもしたことのない人は、いざ雨が降ったら、簡単にメゲてしまいます。企業やブランドも同じです。

——「人は必ず失敗するもの」……と言うとだれもが頷きます。しかし、ビジネス現場における失敗は隠されがちです。当事者にとっては減点の対象になるかもしれませんし、ブランドにとっても、いわゆる「スキャンダル」になりかねません。

そうですね。また、失敗に対してほど、ブランド風土が出るものはありません。「挑戦せよ。挑戦のプロセスで失敗はつきもの」とするのか、それとも「失敗などしては終わりだ」とするのかで、メンバーの投球フォームが全く違ってきます。

――たしかにそうですね。でも、そのような組織風土はどうやってできるのでしょう。

やはり上司というか、創業者、役員を始めとするエグゼクティブの姿勢が、風土になると思います。いくら普段キレイゴトを言っていても、失敗に対しての姿勢が美しくなければ、その上司にはだれもついていきません。

挑戦するブランド風土

――失敗に対しての姿勢が美しい、というのはなかなかイメージしにくいですね。

わかりました。では、この講では事例中心に見ていきましょう。

大塚製薬はどんどん挑戦する組織風土を奨励しています。オロナミンCを開発した頃のこんな話があります。オロナミンCを開発したものの、炭酸ガスが入っているということで、医薬品ルートでは販売できないことがわかりました。メーカーにとって、商品を流通させることができないというのは、致命的な大問題です。

創業者一族であり、実質的な創業者とも言える大塚正士《まさひと》元社長は「医薬品ルートの流通を使えないということは、逆にチャンスではないか。新しく独自の流通を開拓すればいい！」と、逆にファイトを燃やしたということです。

――こんな事態のとき、「何で事前に調べておかなかったんだ」とか「当初の計画通りに何とかならないのか」と叱る役員のほうが多いですからね。

そうですね。そんな役員が平常時に「挑戦せよ」と言っても、全く説得力がありません。オロナミンCのブランド・チームは、大塚氏の激励をもとに、それまで全く行ったこともない小売の流通を開拓したのでした。「ピンチはチャンス」と。

たしかに医薬品ルート（薬局）は当時全国に四万軒だったのに対して、小売店は一六〇万軒ありました。市場規模としては格段の違いです。とはいえ、ジュースやお菓子を売っている小売、スーパーであり、医薬品メーカーとしては異国に行くのと同じ気持ちだったのではないでしょうか。

大塚氏は「全国一六〇万軒の二五パーセント、即ち四〇万軒の小売店を確保せよ」と檄を飛ばしたといいます。大塚氏自身、トップセールスで日本中を自ら営業行脚するタイプの経営者であったことも、言葉に説得力があった理由でしょう。

——でも、製薬会社なのに薬局を販売ルートとして使わず、何か問題が起こらなかったのですか。

リスクはありました。オロナミンCがヒットすれば、薬局で売っている医薬品ドリンク剤の販売が鈍るおそれがあります。そうなると、大塚製薬がこれまでお世話になってきた薬局を敵に回しかねないのです。

——うーん。悩ましいですね。

でも、新しいことに挑戦するには、リスクもつきものです。リスクなくして、成功もあり得ません。「リスクはあって当然、やってみよう！」というトップ自らの決断と後押しがあったからこそ、営業マンは一丸となって開拓に邁進できたのだと思います。

——大村崑さんの「うれしいとメガネが落ちるんです」のコマーシャルが印象的です。

はい。あのコピーは昭和宣伝史に残る名コピーですね。テレビ・コマーシャルも当たり、オロナミンCは一九八二年には累計五〇億本、二〇〇一年には二五〇億本の販売記録を達成しました。メーカーにとって、顧客からの支持が自らの戦略への判定といえます。よって、オロナミンCの小売ルートの開拓は大正解だったということになります。

また、このとき開拓した小売店ルートの販売網が、のちにポカリスエットを市場に出すときにも役立ったといいます。

――なるほど。たしかに、ポカリスエットは医薬品ではなく、ソフトドリンクですからね。もし小売店ルートがなかったら、ポカリスエットの発売時に開拓しなければならないわけですからね。

＊取材協力：大塚製薬株式会社　能力開発研究所　所長　冨岡成夫氏（当時）

＊参考文献：「日本工業新聞」所収、『企業トップが選んだ20人　決断力―そのとき、昭和の経営者たちは――大塚正士』、片山修氏執筆連載記事、二〇〇二年二月二一日付

片付け屋と散らかし屋

――ブランドの風土は、その組織特有のものがあると思います。指紋のようなもので、ブランド変われば、風土も変わるのではないでしょうか。

もちろん、一つとして同じ風土はありません。「だからこそ」、私たちは可能な限り、他のブランドについて実例を学び、自分の栄養にする姿勢が必要なのです。何かこれだけやれば簡単にうまくいくといった成功法則ではなく、普遍的なエッセンスみたいなもの、それを探す必要があります。

――エッセンスは、時として、何か覚えやすいキャッチコピーみたいなものになっていることがありますね。

キャッチコピーでちょうど適している言葉があります。「片付け屋と散らかし屋」

――一体何ですか？　教えてください。

元・バンダイ代表取締役会長・杉浦幸昌氏の言葉です。氏は学校を卒業すると、バンダイの前身「萬代屋」に入社しました。「オヤジ」こと創業者の故・山科直治氏が商品開発をするのだけど、売れないものばかりつくる（笑）。文句言ったら、「なら、お前が売れるもん、つくってみろ！」となりました。いろいろ試行錯誤したけれど、しばらくは全くヒットに恵まれませんでした。あるとき会社がサンダーバードを出しました。大ヒットしました。

——ああ。知ってます。サンダーバード・シリーズは宇宙ステーションの5号が高くて買えないんだ、と兄がよく言ってました。私はコンテナを出し入れするシステムが不思議で、2号が大好きでしたが。

サンダーバードについて、ある世代以上の人は思い入れがあるようですね。さて、サンダーバードが当たったため、杉浦氏は同じ系統のキャラクターもの、キャプテン・スカーレットを企画しました。私は実はこのキャプテン・スカーレットが大好きでした。ところが、キャプテン・スカーレットは見事にコケてしまったのです。在庫の山となり、会社の経営にも響いてしまいました。そこで「オヤジ」から、いまでいうリストラを申し渡されてしまったのです。会社を出て、自分で食い扶持を探せ、と。

——キャラクター・ビジネスは当たりはずれが怖いですね。

そこで杉浦氏は萬代屋から出て、有志と三人でポピーという会社を作りました。当時の人気番組『仮面ライダー』の番組スポンサーはバンダイだけど、キャラクター商品化の権利は他社でした。杉浦氏は自分のこどもにせがまれ、他社製の変身ベルトを買ってあげました。

——ヘンシーン、というやつですね。

ところがこどもは「こんなのはにせものだ。光らないからダメだ」と厳しく突っ返したのです（笑）。

——こどもにとっては、光る、くるくる回るというテレビと同じ性能がないとニセモノになってしまうのですね。

そこで知り合いに頼んでベルトを改造し、光って回るようにしました。これでようやくこどもは納品を許してくれ（笑）、今度はともだちに自慢し始めたのです。そしてともだちの親がせがまれ、「どこに売っているんですか」と杉浦氏に聞く始末。そこで「これはいける！」と、仮面ライダーの『光る！ 回る！ 変身ベルト』をあらためて商品化しました。バカ売れしました。

――実は私、持ってました（笑）。

やがてポピーは一九八三年、バンダイに吸収合併されました。そして「失敗」をした杉浦氏はその後会長になりました。その杉浦氏の言葉をご紹介しましょう。

組織には「調整屋」「片付け屋」がはびこりがちだ。そうではなくて、「散らかし屋」になれ。散らかし屋がいないと新しいことが始まらない。
「新しいことをやりたい、世の中に無いものを生み出したい、世の中を変えていきたい」というくらいのことを考えないとバンダイの未来はないと思う。

――散らかし屋を育てる風土、新しいことを楽しみながらやる気分を大事にする、ということですね。

はい。バンダイの人材戦略室は杉浦氏の思いを継承して、さまざまな手を打っています。その底にあるのは、

「人が夢中になって仕事に打ち込む、時間を忘れて楽しみながら働くのは夢に向かって走るときである」

という認識です。

- 夢を実現するエネルギー
- 楽しく仕事をできるマインド

で個人のパワーは最大化します。人材戦略室の役員本田耕一氏は自らを「元気担当取締役」としています。

ブランドは常に革新する必要がある

――元気、というのは、先生がよくおっしゃる「好きのオーラ」と同じですね。

そうです。「好きのオーラ」は、言い換えれば、自分の仕事への愛。仕事に愛があれば、ブランドにも愛が生まれます。当然、一緒に働く仲間、取引先に対しても温かなまなざしで接することができます。そして、愛あればこそ、組織内で交わされる言葉はポジティブ

になり、失敗したときも、湿っぽくなくカラッ、としていることができるのだと思います。失敗を栄養にできるのはそんなブランド風土の組織です。

＊参考文献：『アドベンチャー・カンパニー　～　クレイジーなくらいがちょうどいい』二〇〇三年版、バンダイ編著
＊取材協力：株式会社バンダイ　元気担当取締役　人材戦略室　ゼネラルマネージャー　本田耕一氏（当時）

――なるほど。こういうふうに考えていくと、人でもそうですが、たくさん挑戦して、たくさん失敗して、経験を積み、その経験をのちに生かす、ということが、ブランドでも全く同じように言えるというわけですね。

その通りです。ブランドは常に革新していかなければなりません。現状に止まっていては後ろに向って歩いているのと同じです。そのためにも、常に新しいことに挑戦する姿勢、マインドをブランド・チームが全員持っている必要があります。

この講のまとめ

- ☑ 失敗を育成し、未来に活かすブランドの組織風土が大切
- ☑ 挑戦するからこそ失敗もする
- ☑「失敗してもオーケー」の風土を作ろう
- ☑ 愛を持とう。愛ある組織はポジティブになり、失敗を栄養にできる

TEA BREAK 9

人生最大の失敗

あなたがこれまで生きてきて、人生最大の失敗は何ですか？

……といきなり聞かれたら、たいていの人は「ひいて」しまうのかもしれませんね。私は、本書の編集担当者Ｑ氏に、同じ質問をしてみました。Ｑ氏は旅が趣味です。しかも、行き先は、普通の人ならまず行かないような、「ヘンなところ」が好き。これは失敗談が山ほどあるのではないかと、期待で胸がふくらみます（笑）。

ちょっと聞いてみましょう。

阪本：Ｑさん、人生最大の失敗は何ですか？

Ｑ氏：ええと、「人生最大の失敗」ですか……。

以前インドで、ある街へ行こうとしたんですが、なまじ現地の人が使う愛称を使ったため（ガイドブックに載っていた）、片道三時間以上かけて、全く知らない街に連れて行かれてしまいました。

TEA BREAK 9

次の日には帰国の飛行機が出るというのに、「インドのど真ん中で、いま、自分がどこにいるのかわからない」という状況で、さすがに途方にくれました。
阪本：この失敗の教訓は……。
Q氏：なまじ現地人っぽいことをすると、痛い目にあう。
阪本：ほかにも何かありそうです。隠さず、言ってくださいよ。
Q氏：ポーランドで酔っ払わせて財布を奪おうとする泥棒に酒を飲まされ、酒乱のふりをして暴れまわって難を逃れたのはいいが、警官に捕まりました（警官はいい人で、近くの安宿まで連れてってくれました）。
教訓：旅行客をどこかに連れて行こうとするのは、八割方悪人。
ベトナムで、酔っ払って川に落ち、地元の人に引っぱり上げられました。
教訓：川に落ちたら、パニックにならずに浮かび上がるのを待ったほうがいい。
こんな程度です。
阪本：……よく今まで生きてましたね。せめてこの本が完成するまでは、生きていてもらいたいものです。
では、私の失敗をお話ししましょう。いずれも「人生最大」とまではいきませんが、ビジネス人生、これまで失敗だらけだったように思います。

TEA BREAK 9

訪問先のCEOと寝ながら話した

独立してアメリカに渡ってまだ間もない頃です。ニューヨークからサンフランシスコ経由で、シリコンバレーに出張しました。彼の地に本社を置く企業（R社）を訪問する仕事です。広いアメリカ大陸の東から西に移動する、ということの意味を、当時の私は知りませんでした。R社はスタンフォード大学もあるパロ・アルトにオフィスを構えています。サンフランシスコへ着いた当日、早速パロ・アルトに行き、現地のホテルに投宿しました。

さて、翌日。午後のアポイント時刻きっかりに訪問し、ミーティング・ルームへ通されました。弊社は私とY、R社は創業者兼CEO、営業部長、ほか全部で五人、エグゼクティブが勢揃い。早速ミーティングが始まりましたが、何と！　強烈な眠気が襲ってきたのです。アメリカ大陸は、西と東でも、時差があるのでした。当時そんなの知らない。たった三時間ですが、これがキツい。眠くて眠くて、もう、椅子に溶けてしまいそうな感じ。

実は後日そのミーティングをもとに本を書いたりしているのですが、いま思い出しても、記憶が全く欠落しています。同行したYがしっかり記録してくれていたから良かったのです。Yによれば、私が寝ていることはYだけはわかっていたそうで、R社のメンバーにはバレていなかったそうです。それというのも、私は目を開けて寝ていたのです（!）。
だから相手にはわからなかった。私にいつからそういう「特技」が備わったのかはわかりませんが、長いサラリーマン生活の中で、眠い会議を乗り越えるため自然と身についたものなのかもしれません。ミーティングが終わり、R社を辞したとき、Yにこっぴどく叱られました。

教訓：同じ国でも、時差に気をつけろ！

ストレートな言葉で失敗

恥かきついでに、もう一つ、失敗談をご披露しましょう。今度は私がサラリーマン時代の話です。営業として担当していた建材Gを採用してもらうため、販売店と一緒に某建設現場のプレハブ事務所を訪問していました。神戸港のヨットハーバー内にありました。係留されているヨットの豪華な姿がいまでも思い出されます。

相手は現場責任者。仮にお名前をH氏としましょう。私はGのサンプルを示し、一所懸命、商品説明をしました。H氏は、Gを気に入ってくださったようで、「わかった」と言ってくださいました。採用決定です。私は天にも昇る思いでした。

H氏「採用しようと思うが、最終決定をするための材料を集めるため、Gの工場を見

TEA BREAK 9

学したい」

　私は困りました。実はGはライバルにはない差別化商品のため、企業秘密がもれることを恐れ、会社の方針として、工場見学はご法度だったのです。しかし、この現場では採用もしてくれそうだし、ご機嫌を損じてはならじと、とりあえずこの場はやりすごし、後日あらためて工場見学の件についてお断りしようか、とも考えました。しかし、あとでモメるより、いま言いにくいことも言っておいたほうがいい、と思い直しました。

　私「実は、工場見学はどなた様に対しても、お断りしているのですが……」

　……しばらくの沈黙。と、H氏、烈火のごとく怒りました。

「おれをだれだと思ってるんだあ！　なあにがお断りだ。もう……う……もう、そ、そんな会社のモノは使わんっ！　出て行け。出て行けえ。なあにがサンプルだ」

　目の前にあったサンプルの表面を手にした鉛筆でがりがりと引っかいたかと思うと、机をひっくり返さんばかりの勢いで立ち、ドアを蹴散らして、事務所を出て行ってしまいました。後に残った私と販売店担当者、ほかの現場職員、全員、呆然。気まずい沈黙。

　結局、この「事件」があだとなり、H氏は二度と会ってくれず、この仕事は受注できませんでした。販売店からは私のトークのまずさを恨まれるわ、会社には格好の悪い報告はしなければならぬわ、で散々でした。現在の私であれば、どんな話であろうと一旦はふわりと受け止め、持ち帰り、関係者の知恵を借りながらH氏とともに落としどころを探るだけの「大人の知恵」があります。しかし、当時の私は三四歳、まだお尻が青かった。あまりにも直球で勝負してしまいました。しばらくはH氏の態度を傲慢と解釈して腹を立て、「だれがあんな仕事、いるもんか。こっちから願い下げだい」と、うじうじ思っていました。

それから三年後の一九九五年一月、阪神・淡路大震災が起こりました。H氏は神戸の人です。いま、この原稿を書きながら思います。同じく大震災を乗り越えてきた「戦友」として、H氏がいまでも元気で活躍されていることを祈っています。

第10講　スローなブランドを創ろう

「スローなブランド」とは

――先生、「スローなブランド」って、どういう意味かわかりません。

ここでいう「スロー」というのは、速度が速い、遅い、という場合のスローではなく、スロー・フード、スロー・ライフなどと同じ意味で使っています。

――と、言われても、まだわかりません。

「スロー」とは、一言で言うと「ほんもの」です。自分が大切にしている価値をじっくり育て、丁寧に世の中へ発信していく姿勢をいいます。打ち上げ花火のようにパッと上がって、パッと消えるようなうたかたのブランドではなく、末永く命を保てるような、そんなブランドのことです。

――芸能界と同じですね。「一発芸」だけではある一時期は人気者になっても、長く生き残ることができませんからね。

ブランドもそうですね。爆発的な人気を得てヒットしても、いまやもう、消えてしまったブランドもありますよね。他方、四〇〇年もの年輪を重ねている「養命酒」のようなブランドもあります。どうせブランドを創るのであれば、末永く愛されるブランドにしましょう。

そのブランドに「愛と美学」はあるか

――では、スローなブランドを創るために必要なことって、何ですか。

ずばり、「愛と美学」です。

――具体的に教えてください。

顧客への愛と自らの美学。ブランドがこの二つを持っているかどうか、時々セルフチェックする習慣をつけましょう。

――顧客への愛、自らの美学、それぞれについて詳しく教えてくださいませんか。

ではまず、顧客への愛から。「お客様は神様です」というのとはちょっと違いますから、ご注意ください。どうもこの言葉には、「お客様はお金をくださるから神様」というようなニュアンスがあって、私は好きになれないですね。

第7講「広告」で、ブランド資産について勉強しました。ブランドが世の中からいただく対価は金銭的なものだけではなく、「オレ、あのブランドに惚れてんだよ」という、「ブランドへの愛」もあるとお話ししましたね。しかも、愛というものは、双方向になってこそハッピーです。

――片思いはつらいものですからね。

何か面白い話がありそうですね（笑）。まあ、その話は授業が終わってから、ゆっくり聞くとして、ブランドの、顧客への愛。これがなければ、顧客からも愛されません。

顧客への愛は、顧客を読むことから生まれる

「顧客への愛」というと、短絡的に、「顧客サービスを充実させる」となって、たとえばチャーハンの盛りを多くしてあげる（笑）、とかいうことに発想がいきがちですが、違い

ます。「顧客を読む」ことです。

――ちょっと難しいです。

現代は、大量生産、大量販売の物量経済が終わり、価値を中心とする価値主導経済です。ドキドキ・ワクワクの感動が大切です。価値主導経済では、企業やブランド側から商品を顧客に提示し、「さあ、こんなのを創ったから買ってくれ」と一方的に言ったところで、見向きもしてくれません。顧客がどんなことに感動し、何によってハートに火がつくのか、しっかり観察しなければならないのです。これが顧客を読む、ということです。

――あてがいぶちの商品をただ提供するのではなく、顧客のこころをしっかり観察して、読み取ったフィードバックとしての商品を開発せよ、ということですか。

うまい表現をされました。まさにその通りですが、一つだけ注意しなければならないことがあります。前にも述べましたが、「だからといって、顧客に聞く」ことをしてはなりません。なぜなら、顧客は現在までのことしか知りません。自分の過去の経験の中で判断します。

一方、ブランドの使命はこれまでになかった全く新しい価値を創造、提案することです。だからこそ、顧客は「これまで見たことも聞いたこともない新しい経験」をすることができます。感動を呼び、ワクワク・ドキドキを生み出すことができるのです。顧客から新しいブランドが生まれるということはあり得ません。

「ギネス」に学ぶ、老舗ブランドのケース

――新ブランドならわかりますが、それこそスローな、老舗ブランドの場合はどうなりますか。ブランドは老舗だけれど、ビジネスである以上、顧客は常に新しい層を開拓していかなければなりませんよね。

いい質問です。では、事例で見てみましょう。アイルランド、ダブリンに「ギネス」という黒ビールのブランドがあります。日本にもファンが多いブランドです。一七五九年創業の老舗ですから創業以来二四五年になります。一七五九年といえば、日本では江戸時代。フランスは革命前、アメリカは独立さえしていませんでした。

――ギネス・ビールの缶には、独特の工夫がしてあって、グラスに注いだとき、泡がおい

しくできるようになっています。あの泡がクリーミーで、おいしいんです。

はて。どんな工夫ですか。

——缶がコロコロいうので何だろうと思って調べたら、「フローティング・ウィジェット(Floating Widget)」という直径約三センチのプラスチック球形カプセルが中で浮かぶ仕組みになっているのです。缶を缶切りで開けて、実際に球を取り出してみました。

研究熱心ですね！　そこまでしますか……（笑）。

さて、話をダブリンに戻しましょう。二〇〇〇年、ギネスが本部を大改造しました。この建物はストアハウス（Storehouse）と呼ばれています。元は一九〇四年建造された七階建てのビルでした。改築プロジェクトにあたり、ギネスは、このプロジェクトを、建物の改築にとどまるのではなく、「ギネス」という老舗ブランドをどうするか、というブランドづくりとして位置づけました。古くからのロイヤル（忠実）なファンだけではなく、老舗ブランドが常に抱える、「新しい、若い見込み客にいかにしてアピールできるか」というテーマを背負った一大ブランド・プロジェクトです。

——古いブランドは古いというだけで若い世代には「おじんくさい」ブランドに見られがちですからね。

そこでギネスは「人はなぜギネスを愛してくれるのか」という視点から顧客を観察したのです。穴の開くほど、じっと。出てきた答えは、「パブで見知らぬ人同士がギネスをきっかけに知り合い、話に花を咲かせる姿」でした。ご当地ダブリンにとってギネスは一企業の所有するブランドにとどまるものではなく、「ギネスを飲むタイプの人物」というライフ・スタイルを指すものになっています。よってこの観察から、「パブ・コミュニティ」という、ブランドづくりの鍵となるブランド・メッセージを導き出しました。

あとはこの骨格に沿ってブランド・プロジェクトを設計すればよかったのです。ギネスの歴史を学び、ギネスをおいしくいれてくれる職人技を味わい、楽しめるストアハウス。「顧客の、ギネスをおいしく楽しむ笑顔」への思い。この思いがギネスの、顧客への愛です。ストアハウスは、いまやダブリンのみならず、アイルランドで観光客を一番集める名所となっています。二〇〇四年三月には通算二〇〇万人目のゲストが訪問したということです。

＊参考文献：Fast Company, 二〇〇二年五月号所収記事『Brand Marketing: Guinness』
ギネス社のホームページ　http://www.guinness.com/

――ダブリンにあるギネスのストアハウスは私も一度は行ってみたい場所です。ギネスの事例から学ぶことができるのは、顧客をただ盲目的に愛するのではなく、あくまでもブランドとの関わりの中で、価値を軸として考える、ということですね。「自社のブランドが何の価値によって顧客から愛されているのか」を観察し、現代版にアップデートしていく、と。

はい。ギネスのアップデートの方法は、ストアハウスを近代的な建築に改築して、ギネスをテーマにして人が集える楽しい場所にしたことです。古いブランドだけど、最新版のパッケージで包んであげた、ということですね。

では、次に、美学にまいりましょう。

ブランドのすみずみにまで、美学が浸透しているか

美学とは、別の言葉で言うと「矜持」「誇り」「こだわり」です。

――がんこおやじのやってる店、とかですか。

うーん、その場合、おやじさんが酒なら焼酎、しかも鹿児島産の何とかという銘柄の芋焼酎しか置かない、ということにこだわりがあるとすれば、それは美学と言えます。ただ、「おやじさんのキャラクターが、がんこ」という意味であれば、それは美学とは言えませんね（笑）。

——なるほど。何かこれだけは譲れない、という点ですね。ブランドの旗や、約束がくっきりと明確であるほど、美学がありそうですね。また、なければなりませんね。

美学は、「これはやる」「これはやらない」というものさしにもなります。パッケージの項でも説明しましたが（第6講）、パッケージはディテールの積み重ねで成り立ちます。神は細部に宿る。ブランドの隅々にまで美学が一本通っていなければなりません。

——何かわかりやすい事例はないですか。ギネスが外国だったので、今度は日本がいいのですが。

わかりました。和食のお店に行ったとします。玄関で靴を脱いであがる高級なお店。客室は個室になっています。食器や灰皿などは趣味の良い陶器を使っています。床の間には品の良い掛け軸。一輪挿しには、季節の花が。音楽は、なし。サービスしてくれる女性スタッフもしっかり教育されていて、プロフェッショナルの接客ぶりです。料理について質問しても、即答で返事が返ってきます。気持ちの良い食事の時間が過ぎていきます。

さて、あなたはビールを飲みすぎたようで、トイレに行きたくなりました。廊下の突き当たり右にあるとのこと。廊下にも、所々、趣味の良い陶器の置物が置いてあります。トイレのドアを開けました。洗面台の上を見て、あなたはがっかりしてしまいました。そこに置いてあるティッシュペーパーは、近所のスーパーのプライベート・レーベル、五箱まとめていくらの安売り品が裸の箱のまま、あったのです。ここで、その店の美学に対する信頼が、一気に崩れてしまいました。それまで一本ぴん、と張りつめていた緊張感がぷっつり切れた、そんな感じ。

――でも、たかがティッシュ一箱のことではないですか。大目に見てあげたらいかがですか。

いいえ。人間というものは不思議なもので、「いいと思えばよく見える」「悪いと思えば悪く見える」のです。一つ減点ポイントが見つかると、連鎖的に減点ポイントが目につき始めます。廊下がきれいに磨かれていない気がし始め、客室に戻ると今度は隣室の客の声が筒抜けのように感じ、ビールグラスにヘンなにおいがついている気がして仕方ない。さっき「品がいい」と感じた床の間の掛け軸も、「あっさりしすぎて、淋しい構図」に見えはじめ、一輪挿しの花なんて、ケチなんじゃないか、もっとたくさん花が咲いている花瓶だったらいいのに、と思う。

——ものの見方一つで、同じものでも、違って見える、ということですね。

はい。ブランドは、人間のこころの中に生じ、記憶されるものです。即ち、実体があるわけではなく、極めて相対的なものです。氷を触れば冷たいような、絶対的なものではありません。だからこそ「全体としての統一感」「一本背骨が通った美学」が必要なのです。

——般若心経にある「空《くう》」の考えと同じですね。

その通りです。ブランドとは、「空」なのです。「空」といっても「空っぽ」の「空」ではないですよ。実体がなく、あくまで相対的であり、「こころの持ちよう」で決まるものという意味です。だからこそ、美学が最も大切であり、矜持を持ってブランドづくりにあたってほしいと願うのです。

正直な志から、スローなブランドが生まれる

——美学といえば、企業倫理につながりますね。

まさに。企業不祥事が続いていますが、人に人柄、ブランドにブランド柄。「あの人はウソをつかない」「言うこととやることに違いがない」という人柄は尊敬されます。ブランドも、同様です。小さく約束して、大きく実行しましょう。身の丈以上に大きく約束するから、つじつまが合わなくなって実行できないのです。

——ある本で読んだのですが（＊）、不満足な思いで店を出る顧客は、ファストフードより四つ星レストランのほうが多いという話があります。

約束と実行の食い違いが不満足を生むのです。ファストフードは小さな約束しかしません。顧客の感じるブランド品質は約束と実行の相関で生まれるので、小さい約束がしっかり実行される（ファストフード）ほうが、大きな約束が小さくしか実行されない（四つ星レストラン）より、品質高く感じられるのです。

――ブランドの品質だけではなく、いずれつじつま合わせのウソをつかなければならなくなる、といった話に発展しかねないわけですね。

人からどう見られるのか、というブランド柄を常に意識してください。

――失敗の授業（第9講）でも学びましたが、失敗しても、新しい挑戦に失敗はつきものと、隠し立てせず、世間に公表することが大事なのですね。

現代はネットワークで個人と個人がつながっており、企業と個人の間に情報格差はありません。隠そうとしても、無理です。むしろ逆にあらいざらい全部包み隠さず話すことです。そうすることで、ブランドへの愛がさらに熱くなることもあるかもしれません。応援してやろう、というファンが立ち上がってくれるかもしれないのです。

背筋を伸ばし、恥ずかしくないブランドを創造していきましょう。育てましょう。スローなブランドの芽は、正直な大地から生まれ、根づくのです。正直な志を持ちましょう。そして、スローなブランドを大切に、育てていきましょう。

……さて、授業はこれくらいにして、先ほどの「片思い」の話を聞かせていただきましようか。ギネス・ビールでも、飲みながら……。

＊『「買いたい心」に火をつけろ！』、ハリー・ベックウィス著、拙訳、ダイヤモンド社、p.253

この講のまとめ

- ☑ スローなブランドとは、末永く愛されるブランドである
- ☑ 愛と美学を持とう
- ☑ 愛は顧客の観察から生まれる
- ☑ 美学とは、「矜持」「誇り」「こだわり」
- ☑ 神は細部に宿る
- ☑ ブランドは空《くう》である
- ☑ 小さく約束して大きく実行しよう
- ☑ 倫理は正直な志から生まれる

TEA BREAK 10

老舗に学ぼう

ブランドを勉強する皆さんは、時には老舗と呼ばれる店を訪ね、実際に自分で買い物をしてみることをお勧めします。先日、浅草に遊びに行ったのですが、老舗がいっぱいです。

むぎとろ本店

昭和四年から駒形橋のたもとで始まったとろろ懐石、とろろ料理の店です。月曜日お昼に行ったら、ランチサービスとして、むぎとろバイキングをやっていました。一階席で一人一〇〇〇円、ごはん、むぎとろ、お味噌汁、おかずの玉子焼き、魚の甘露煮が食べ放題です。

学ぶ点は、メニューが絞り込まれていること。「むぎとろ」一本です。そして価格が「だれでも一〇〇〇円」(消費税込み)という絞り込みがなされていることです。お客さんは、客室入口に置いてある壺に一〇〇〇円札を入れます。それでお会計は終わり。非常にシンプルです。この「思い切りの良さ」が老舗として長年商売を続けることのできた秘密だと考えました。味はもちろん、一級品でした。

米久《よねきゅう》本店

明治一九年創業の牛なべ（すき焼き）屋さん。メニューがシンプルで、牛なべ「上」と「特上」の二つです。ほか、ごはん、味噌汁、漬物、飲み物もありますが、メインメニューはその二つ。非常にシンプル。絞り込む、捨てる、ことで、とんがることができているのです。そして、とんがることで、一〇〇年の歴史を生き延びることができたのです。

創作漬物　河村屋

江戸時代後期の文化文政期（一八〇四〜一八二九年）に、初代八郎衛門によって創業。現当主は九代目といいます。漬物一本で九代続く秘密はどこにあるのでしょうか。

一つ言えることは、商品（漬物）がおいしい、というシンプルなことです。また、店頭で、「KAWAMURAYA TIMES」というパンフレットを置いて情報発信しています。いま手元にある号は「春のピクニック　新生活応援号」として、お弁当レシピを掲載しています。また、店頭でも特集していた「ねぎ」について、「産直だより」とし、埼玉県北部にあるねぎの名産地、深谷市の深谷ねぎについて畑の写真入りで解説しています。

老舗という名前に安住することなく、次々と新しい商品開発をして、価値発信し続ける姿勢。これが九代続く老舗の秘密だと思いました。

長く続くには理由があります。いわゆる「一発屋」で打ち上げ花火のように短時間で消えてしまうのではあまりに寂しい。皆さんのブランドを、スローに、長く続けさせるためにも、老舗に学んでみましょう。

本書は二〇〇四年七月にＰＨＰ研究所より刊行された『もっと早く受けてみたかった「ブランドの授業」』を文庫化にあたって改題の上、加筆したものです。

nbb
日経ビジネス人文庫

つまりこういうことだ!
ブランドの授業《じゅぎょう》

2008年10月1日 第1刷発行

著者
阪本啓一
さかもと・けいいち

発行者
羽土 力

発行所
日本経済新聞出版社
東京都千代田区大手町1-9-5 〒100-8066
電話(03)3270-0251 http://www.nikkeibook.com/

ブックデザイン
鈴木成一デザイン室
西村真紀子(albireo)

印刷・製本
凸版印刷

Printed in Japan ISBN978-4-532-19468-0

成毛眞の
マーケティング辻説法

成毛 眞と日経MJ

マーケティングは楽しい戦争だ。「迷わせて売れ」「有望市場は男性」「市場は小さくとらえよ」等、超ユニークなアイデアが満載。

マンガでわかる
良い店悪い店の法則

馬渕 哲・南條 恵

店員がさぼると客は来ないが、やる気を出すともっと来ない。店員と客の動きと心理から、繁盛店、衰退店の分かれ目が見えてくる。

基本のキホン
あなたが創る顧客満足

佐藤知恭

あなたが満足していなければ、お客さまの満足は創れない。働き方、学び方へのアドバイスも交え、顧客満足の理論と実際をやさしく解説。

マンガでわかる
お客様が感動する
サービス

馬渕 哲・南條 恵

人の動きに着目する人気コンビが飲食店、旅館、銀行、駐車場、バスなど、サービス業の現場事例をもとに誰もが喜ぶ接客技法を伝授。

男にナイショの成功術

日本経済新聞生活情報部＝編

今活躍しているキャリア女性たちは一体どんな道を歩んできたのだろう。育児や介護に立ち向かいながら輝き続ける女性たちの軌跡。

入りやすい店売れる店

馬渕 哲・南條 恵

お客さんにとって感じの良い店・悪い店を分けるのは販売員の動き。その原因は"店の構造"にあった。イラスト入りで分かりやすく解説・分析。

名作コピーに学ぶ 読ませる文章の書き方

鈴木康之

「メガネは、涙をながせません」(金鳳堂)、「太ければ濃く見える」(資生堂)──。名作コピーを手本に、文章の書き方を指南する。

経営論 改訂版

宮内義彦

米国的経営から学ぶところと日本企業の長所を生かし、新しい経営を創造しよう。オリックスを率いる著者による渾身の経営・経済論。

マンガ版 「できると言われる」ビジネスマナーの基本

橋本保雄

これさえできれば、社会人として「合格」! 挨拶、言葉遣いから電話の応対、接客まで、楽しいマンガとともにプロが教えます。

百貨店サバイバル 再編ドミノの先に

田中 陽

伊勢丹＋三越、阪神＋阪急、大丸＋松坂屋──大再編時代の百貨店業界の最前線をレポートした「日経ビジネス」集中連載を文庫化。

そのバイト語はやめなさい プロが教える社会人の正しい話し方

小林作都子

「1000円からお預かりします」「資料をお送りさせていただきました」──。変なバイト語を指摘し、正しいビジネス対応語を示す。

伊勢丹な人々

川島蓉子

ファッションビジネスの最前線を取材する著者が人気百貨店・伊勢丹の舞台裏を緻密に描く。伊勢丹・三越の経営統合後の行方も加筆

質問力

飯久保廣嗣

論理思考による優れた質問が問題解決にどう役立つか、「良い質問、悪い質問」など、身近な事例で詳しく解説。付録は質問力チェック問題。

図で考える人は仕事ができる

久恒啓一

図で考えると物事の構造や関係がはっきりわかり、思考力や解決力もアップ。図解思考ブームを生んだ話題の本がいよいよ文庫化。

問題解決力

飯久保廣嗣

即断即決の鬼上司ほど失敗ばかり――。要領のいい人、悪い人の「頭の中身」を解剖し、論理的な思考技術をわかりやすく解説する。

トップ・プロデューサーの仕事術

梶山寿子

佐藤可士和、亀山千広、李鳳宇――。日本を代表する旬のプロデューサー9人に徹底取材し、企画力・統率力の秘密を明らかにする。

問題解決の思考技術

飯久保廣嗣

管理職に何より必要な、直面する問題を的確、迅速に解決する技術。ムダ・ムリ・ムラなく、ヌケ・モレを防ぐ創造的問題解決を伝授。

「つまらない」と言われない説明の技術

飯田英明

難解な用語、詳細すぎる資料……。退屈な説明の原因を分析し、簡潔明瞭で面白い話し方、資料の作り方を伝授。具体的ノウハウ満載。

私的ブランド論

秦 郷次郎

ブランドビジネスは、信念を貫き通すための戦いだ！　独自のアイデアと経営手法で成長を遂げてきた創業社長が28年間を振り返る。

V字回復の経営

三枝 匡

「V字回復」という言葉を流行らせた話題の書。実際に行われた組織変革を題材に迫真のストーリーで企業再生のカギを説く。

リクルートで学んだ「この指とまれ」の起業術

高城幸司

新たな価値を生み出す起業家型ビジネス人になろう。リクルートで新規事業を成功させ、40歳で独立した著者による新時代の仕事術！

日本の優秀企業研究

新原浩朗

世のため人のための企業風土が会社永続の鍵だ——。徹底した分析により、優秀企業たる条件を明快に示した話題のベストセラー。

リクルート「創刊男」の大ヒット発想術

くらたまなぶ

「とらばーゆ」「フロム・エー」「じゃらん」——。今日のリクルートを築いた名編集者が、売れるモノを作る究極の仕事術を公開。

強い工場

後藤康浩

モノづくり日本の復活は「現場力」にある。トヨタやキヤノンの工場、熟練工の姿、国内回帰の動きなど世界最強の現場を克明に描く。

文系人間のための金融工学の本

土方 薫

難しい数式は飛ばし読み！　身近な事例を使って、損か得かを考えるだけ。デリバティブからマーケット理論までやさしく解説。

やさしい経済学

日本経済新聞社=編

こんな時代だから勉強し直さなければ…そんなあなたに贈る超入門書。第一級の講師陣が考え方の基礎を時事問題を素材に易しく解説。

市場対国家 上·下

ヤーギン&スタニスロー
山岡洋一=訳

経済·社会の主導権を握るのは、市場か国家か――政府と市場との格闘のドラマを、ピュリッツァー賞作家が壮大なスケールで描破！

リーダーこれだけ心得帖

阪本啓一

リーダーシップは生まれつきでも、地位に付属するものでもない。学んで身につけ実践するものだ。新世代リーダー向け行動指針集。

経済論戦は甦る

竹森俊平

「失われた15年」をもたらした経済政策の失敗と混乱を完璧に解説した名著。昭和恐慌、世界恐慌からの歴史的教訓とは？

クルーグマン教授の経済入門

ポール·クルーグマン
山形浩生=訳

「経済のよしあしを決めるのは生産性、所得分配、失業」。米国経済を例に問題の根元を明快に解説。正しい政策を見抜く力を養う。